KOCHEN MIT DEN FÜNF ELEMENTEN

ERICA BÄNZIGER   GISELA BAULE

KOCHEN MIT
DEN FÜNF ELEMENTEN

Gesund essen nach der
chinesischen Ernährungslehre

Die Deutsche Bibliothek –
CIP-Einheitsaufnahme

Bänziger, Erica :
Kochen mit den fünf Elementen : gesund essen nach der
chinesischen Ernährungslehre / Erica Bänziger/Gisela Baule.
[Rezeptbilder: Evelyn und Hans-Peter König]. –
Küttigen/Aarau : Midena ; Augsburg : Weltbild-Verl.,1996
        ISBN 3-310-00237-3
NE: Baule, Gisela :

Alleinvertrieb Deutschland
WELTBILD VERLAG GmbH
Steinerne Furt 68-70, 86167 Augsburg

© 1996 – MIDENA VERLAG GmbH
CH-5024 Küttigen/Aarau
Gestaltung Umschlag und Inhalt:
Dora Hirter, Birrwil
Foodbilder: König & König, Zürich
Rezeptkochen: Erica Bänziger, Neudorf
Fotolithos: Litho 2000 AG, Basel
Satz: Kneuss Satz AG, Lenzburg
Herstellung: Neue Stalling, Oldenburg

ISBN 3-310-00237-3

INHALT

REZEPTE

INHALT

Verwendete Abkürzungen

EL = Eßlöffel
TL = Teelöffel
ml = Milliliter
dl = Deziliter
g   = Gramm
Msp = Messerspitze

Wo nicht anders vermerkt, sind die Rezepte
für 4 Personen berechnet.

Seit mehr als 13 Jahren beschäftige ich mich aus Berufung mit Ernährungsfragen. Dabei begegnete ich eines Tages auch der Ernährungslehre nach den Fünf Elementen, welche in der chinesischen Medizin seit über 3000 Jahren eine zentrale Rolle spielt. Diese ganzheitliche Ernährungsform hat mich, je mehr ich mich damit beschäftigte, tief beeindruckt.

Es kam die Zeit, wo ich die Ernährung nach den Fünf Elementen praktisch umzusetzen begann und dabei viele positive Erfahrungen machen durfte. Als langjährige Kursleiterin für Vollwerternährung habe ich alsbald viele meiner bewährten Rezepte nach den Prinzipien der Fünf Elemente um-geschrieben, um noch größeren Nutzen aus der "Ernährungstherapie" zu ziehen. Mein Anliegen ist, mit diesem Buch den an Gesundheit interessierten Mitmenschen in unseren Breitengraden die Grundlagen der Ernährungslehre nach den Fünf Elementen mit einfachen, lustvollen und schmackhaften Rezepten zu vermitteln.

Zusammen mit den theoretischen Erklärungen von Gisela Baule hoffe ich dazu beizutragen, daß das alte Wissen der Chinesen um die richtige Ernährung auch bei uns eine immer größere Verbreitung erfährt. Daß man auch mit unseren einheimischen Lebensmitteln nach den Fünf Elementen kochen kann, das soll dieses Buch ebenfalls aufzeigen. Diese Ernährungsform ist nicht gleichzusetzen mit chinesischer Küche.

Ich wünsche allen LeserInnen viel Freude, vor allem aber eine robuste Gesundheit mit dieser harmonischen, abwechslungsreichen und lustvollen Ernährung. Es soll zum Schluß nicht unerwähnt bleiben, daß die wichtigste Zutat beim Zubereiten der Mahlzeiten immer die Liebe ist und Liebe geht bekanntlich durch den Magen.

Erica Bänziger

Ursprünglich diplomierte Krankenschwester mit Zusatzausbildung
für den OP, begann ich schon früh nach Alternativen zur Schulmedizin zu
suchen. Am Puls des Lebens zu stehen, tagtäglich mit Krankheit und Tod
konfrontiert zu werden - das läßt einen das Leben und den Wert eines
gesunden Körpers besonders schätzen.

Über Körperarbeit (Shiatsu, Shin Tai, Cranio-Sakral-Therapie,
Oceanic Aqua Balancing) wurde mein Interesse für Ganzheitlichkeit sehr stark
geweckt. Durch meine Bekanntschaft mit Barbara Temelie bekam ich Zugang
zur Traditionellen Chinesischen Medizin, die mich derart faszinierte, daß ich
sowohl bei ihr als auch bei Claude Diolosa mein Wissen
zu erweitern suchte.

Bald machte ich interessante Erfahrungen am eigenen Körper,
speziell was die tägliche Ernährung betraf, und bin seither von der Wirksamkeit
der Fünf-Elemente-Theorie überzeugt.

Gutes Gelingen!

Gisela Baule

DANK

Ein herzliches Dankeschön gebührt all jenen,
die mitgeholfen haben, dieses Buch herauszubringen:

Léonie und Fredi Haefeli vom Midena Verlag.

Erica Bänziger, welche die Idee für ein Fünf-Elemente-Kochbuch
mit Bildern hatte und alle Rezepte mit Liebe nachgekocht und mit den nötigen
Mengenangaben versehen hat.

Claudia Huhn, die mich am Computer unterstützt hat.

Barbara Temelie und Claude Diolosa, denen ich mein Wissen um
all die wunderbaren Dinge der TCM verdanke - beide waren mir stets
eine unerschöpfliche Quelle der Inspiration und haben mich befähigt,
als Ernährungsberaterin nach den Fünf Elementen zu arbeiten.

Dank gebührt auch meinem spirituellen Lehrer Ole Nydahl,
der in mir die Kraft geweckt hat, mir wichtige Dinge zum Nutzen
aller Wesen in die Welt zu tragen.

Gisela Baule

Ein herzliches Dankeschön gebührt all jenen, die bei der Realisierung
dieses Buches mitgeholfen haben:

Der Kräutergärtnerei Ulrich Mäder in Boppelsen/CH, welche mich jederzeit
großzügig mit frischen Gartenkräutern beliefert hat.

Der Firma Grüter-Suter in Luzern, welche zum Fotografieren der Rezeptbilder
ihr schönes Porzellan zur Verfügung stellte.

Allen meinen Lehrern, welche mich stets sehr großzügig an ihrem Wissen
partizipieren ließen.

Herzlichen Dank meinen Eltern, welche mir das Leben geschenkt haben.
Ihnen und allen Freunden gesunder, genußvoller Ernährung
ist dieses Buch gewidmet.

Erica Bänziger

EINFÜHRUNG

«Wenn wir unseren Körper vernachlässigen, wo sollen wir dann wohnen?»

Diese Frage ist eigentlich ein Kernsatz, wenn es um das Verständnis der Traditionellen Chinesischen Medizin (in der Folge TCM genannt) geht, aus der die 5-Elemente-Ernährungslehre entstanden ist. Die TCM ist mittlerweile einige tausend Jahre alt und hat seither ihre Wirksamkeit immer wieder unter Beweis gestellt.

Bei der TCM handelt es sich um eine sogenannte Erfahrungsmedizin: Das überlieferte Wissen wird ständig auf seine Gültigkeit überprüft, Neues wurde hinzugefügt, und so konnte ein stets aktueller Stand erreicht werden. Die TCM entstand im alten taoistischen China. "Tao" heißt "Der Weg". Der Weg ist das Ziel: Den Weg gehen und weise werden, um letztendlich eins zu werden mit dem allumfassenden Universum, der absoluten Ebene, dem grenzenlosen Weisheits- und Freudenzustand.

Die alten Chinesen haben in der Tat sehr gründlich gearbeitet und alles untersucht, um herauszufinden, wie man den Körper möglichst lang gesund erhalten und damit alt und weise werden kann. Das "Nebenprodukt" dieser Untersuchungen war die Entdeckung all der Dinge, die es dann zu meiden galt, wollte man den Körper vor Krankheit schützen. Eine der Haupterkenntnisse war die Tatsache, daß jeder Mensch ein einzigartiges Individuum ist und auch als solches behandelt werden

sollte. KEINER IST WIE DER ANDERE! Die Menschen können zwar ähnliche Disharmonie-Muster (Symptome) haben, aber deren Ursprung kann grundverschieden sein. Deshalb ist nicht für alle das gleiche gut! Was dem einen hilft, erweist sich beim andern als nutzlos. Und gerade diese Denkweise ist der Schlüssel zum Erfolg der TCM! Es gilt also, bei jedem Menschen herauszufinden, was seine persönlichen Bedürfnisse sind.

WHU SHI = Der Kreis

Der Kreis symbolisiert ALLES, aber auch NICHTS: das Universum, den grenzenlosen Raum, in dem alles entsteht und in den alles einmal wieder zurückkehrt. Es ist der Raum, der alles enthält, sei es auf materieller oder energetischer Ebene. In diesem Raum findet das ständige Spiel von Werden und Vergehen statt, von Entstehung und Zerfall, Geburt und Tod. Womit wir auch schon ausgehend von der ABSOLUTEN EBENE der EINHEIT bei der RELATIVEN EBENE der ZWEIHEIT = DUALITÄT wären. Und hier finden wir das wunderschöne Symbol, das mittlerweile schon fast jeder kennt, nämlich das YIN-YANG-SYMBOL.

Aus "1 wird 2" YIN UND YANG

Dieses Zeichen zeigt eindrücklich den ewigwährenden Kreislauf des Lebens. Es ist kein statisches Symbol, ebensowenig wie YIN und YANG statisch sind. Es ist ein sich drehendes, stets bewegendes, sich ständig aus sich selbst erneuerndes Ganzes. Die helle Seite steht für YANG. Das bedeutet unter anderem Helligkeit, Tag, Aktivität, männliches Prinzip usw. Die dunkle Seite steht für YIN. Das ist Dunkelheit, Nacht, Passivität, weibliches Prinzip. ZUSAMMEN ERGEBEN SIE DAS HARMONISCHE GANZE. Und nur dann, wenn beide Teile gleich stark sind, ist die Harmonie vollkommen.

Aber nicht nur, daß das eine ohne das andere nicht sein kann, auch die Tatsache, daß jedes die Qualität des anderen im Kern bereits in sich trägt (das sind die beiden jeweils andersfarbigen Punkte in jeder Hälfte), ist Zeichen der Transformationsfähigkeit. In jedem Yang ist das Yin bereits im Ansatz enthalten und in jedem Yin das Yang. So sind Yin und Yang sowohl im Großen wie im Kleinen immer im Gleichgewicht. Ein Beispiel: Jede Frau (Yin) hat auch männliche Qualitäten (Yang) wie zum Beispiel Durchsetzungsvermögen, und jeder Mann (Yang) hat auch weibliche Qualitäten wie zum Beispiel Fürsorge. Wenn wir nicht in einer partnerschaftlichen Be-

ziehung leben, in der sich die Aufgaben auf Mann und Frau zu gleichen Teilen verteilen, so müssen wir selbst das Fehlende in uns mehr wachsen lassen. Und alleinstehende Frauen haben dann im Beruf "ihren Mann zu stehen" (werden yangiger), und Männer entwickeln plötzlich sehr häusliche Qualitäten (werden yiniger). Es braucht beides, und wir tragen alles Nötige in unserem Inneren.

Noch einige Beispiele, wofür YIN und YANG stehen können:

YANG	YIN
Tag	Nacht
Helligkeit	Dunkelheit
Aktivität	Passivität
männlich	weiblich
Bewegung	Stillstand
schnell	langsam
obere Körperhälfte	untere Körperhälfte
Körperaußenseite	Körperinnenseite
Körperrückseite	Körpervorderseite
Expansion	Kontraktion
Zentrifugalkraft	Zentripetalkraft
Hitze	Kälte
Sommer	Winter
Trockenheit	Feuchtigkeit
scharf	sauer
Himmel	Erde
Zeit	Raum
Leichtigkeit	Schwere
fest	flüssig
hart	weich
produzierend	empfangend
zerstörend	bewahrend
Wachstum	Zerfall
Energie	Materie
Feuer	Wasser

und viele mehr...

YIN UND YANG IM KÖRPER

YIN und YANG sind auch in unserem Körper genau definiert, sowohl auf energetischer wie auf materieller Ebene. Der Yang-Teil bezieht sich auf unseren Energiehaushalt und beinhaltet die beiden Faktoren QI und WÄRME, der Yin-Teil auf den sogenannten Substanzhaushalt, der aus BLUT und SÄFTEN einesteils und der materiellen Struktur wie z. B. unseren Knochen anderteils besteht. YIN UND YANG KONTROLLIEREN SICH GEGENSEITIG, UM DAS GLEICHGEWICHT IM KÖRPER ZU BEWAHREN. Kurzfristige Belastungen, die den Körper aus dem Gleichgewicht bringen, können durch die Selbstheilungsfähigkeit dieses Systems korrigiert und wieder ausbalanciert werden. Langfristige Belastungen wie falsche Ernährung, Streß, Frustration, körperliche und geistige Überanstrengung überfordern das System und führen zu verschiedenen Disharmonie-Mustern. Im großen und ganzen unterscheiden wir in der TCM sechs Hauptformen:

- Qi-Mangel und Qi-Stagnation
- Yang-Mangel
- Yang-Fülle
- Blut-Mangel
- Yin-Mangel
- Yin-Fülle

«Gesundheit kauft man nicht im Handel, sie ruht im Lebenswandel!»

Emil Ritterhaus

QI = DIE LEBENSENERGIE

Ohne Qi (sprich tschi) kein Leben. Es ist die Lebensenergie, die alles durchdringt. Auf dem Wissen um die Existenz dieses Qi basiert die Traditionelle Chinesische Medizin (TCM). Im alten China hat man genauestens untersucht, was es braucht, um dieses Qi zu stärken, beziehungsweise welche Faktoren es schwächen. Da jede Form von Krankheit das Qi erschöpft und damit auch das Leben verkürzen kann, haben die Chinesen ein einzigartiges System der Vorbeugung geschaffen. Anhand der Puls- und Zungendiagnostik läßt sich der aktuelle Zustand eines jeden Individuums feststellen. Dank dieser Informationen können Empfehlungen abgegeben werden, wie die Gesundheit erhalten werden kann.

Das Qi fließt in den sogenannten Energieleitbahnen, den MERIDIANEN. Ein ganzes Netz überzieht und durchdringt unseren Körper, so daß sich das Qi im ganzen Organismus ausbreiten und die Organe versorgen kann. Die TCM kennt die unterschiedlichsten Arten von Qi. Die 2 Hauptgruppen sind:

Das VORGEBURTLICHE QI und das NACHGEBURTLICHE QI.

Das VORGEBURTLICHE QI unterteilt sich in die YUAN-QI, den Yang-Aspekt, und die JING-QI, den Yin-Aspekt. Ein gewisses Quantum von beiden wird uns von unseren Eltern vererbt. Es bestimmt, mit welcher Konstitution und Kondition wir auf die Welt kommen.

Das NACHGEBURTLICHE QI beinhaltet viele verschiedene Aspekte, u.a. das NACHGEBURTLICHE JING-QI, welches aus der Nahrung und der Atmung aufgebaut wird. Es wird in den Nieren gespeichert und schützt uns vor vorzeitiger Erschöpfung des vorgeburtlichen Jing, welches normalerweise durch den Alterungsprozeß abnimmt.

Eine weitere wichtige Qi-Art ist auch unser ABWEHR-QI, das WEI-QI, das soviel wie unsere IMMUNITÄT bedeutet. Ein starkes Wei-Qi hilft uns bei krankmachenden Keimen, Widerstand zu leisten. Das funktioniert jedoch nur, wenn das Qi im Körper frei fließen kann und nicht irgendwo blockiert ist. Eine Qi-Blockade kann Ursache von Disharmoniemustern sein.

DAS UNGLEICHGEWICHT IM KÖRPER

Yin und Yang versuchen immer, im Gleichgewicht zu sein. Durch innere oder äußere Faktoren kann es jedoch zum Ungleichgewicht kommen. INNERE URSACHEN sind geistige Konzepte, die uns blockieren können, und unterschiedliche Emotionen wie Zorn, Frust, Trauer, Depression usw. Als ÄUSSERE URSACHEN bezeichnet man bioklimatische Einflüsse, z.B. Hitze, Wind, Kälte, Belastungen durch unsere Umgebung und die Ernährung.

Wir unterscheiden ein Ungleichgewicht der YIN- und der YANG-WURZEL. Bei einem Ungleichgewicht der YANG-WURZEL können wir ENERGIE-(QI-)MANGEL, YANG-MANGEL und YANG-FÜLLE unterscheiden. Der ENERGIE-MANGEL kann

grundsätzlich als Vorstufe jeder Form von Ungleichgewicht gesehen werden. Dort, wo zu wenig Energie fließt oder die Energie blockiert ist, kommt es zu Unterversorgung und Schmerz. Der YANG-MANGEL bezeichnet einen durch Energie- und Wärmeverlust entstandenen Kältezustand. Eine YANG-FÜLLE beschreibt ein Übermaß an Hitze im Körper.

URSACHEN EINER SCHWACHEN YANG-WURZEL

- äußere bioklimatische Kälte
- in den Körper eingedrungene Kälte infolge Verzehr zu vieler thermisch kalter Nahrungsmittel
- Überanstrengung körperlicher und geistiger Natur
- Emotion

Ist die YIN-WURZEL betroffen, dann kommen 3 Bilder in Frage. Der sogenannte BLUTMANGEL bezieht sich auf eine verminderte Blutmenge, aber auch auf die dezimierte Qualität und Funktion des Blutes. Dieser Zustand wird in der TCM bereits schon bei geringer Beeinträchtigung des Blutes wie z. B. bei Eisenmangel benützt. Der YIN-MANGEL beschreibt eine Verringerung der Körpersäfte und eine dadurch entstandene Substanzverminderung.

Der Zustand einer YIN-FÜLLE beinhaltet Flüssigkeits-, Schleim- und Fettansammlung im Körper.

URSACHEN EINER SCHWACHEN YIN-WURZEL

Mitverantwortlich ist immer auch ein Ungleichgewicht in der Yang-Wurzel. Es gibt keine Schädigung des Yin ohne eine Schwäche des Qi (Yang-Wurzel). Hauptursache für eine Schädigung des Yin sind austrocknende Faktoren. Das kann eine körperlich bedingte Austrocknung sein wie zum Beispiel ein starker Flüssigkeitsverlust durch zuviel Schwitzen (Sauna, Sport/usw.) oder aber auch durch die Verwendung austrocknender Lebensmittel wie Kaffee und Schwarztee. Nicht zu unterschätzen ist auch hier die psychische Komponente. Yangige Emotionen wie beispielsweise Zorn und Streß können das Yin ebenfalls nachhaltig schwächen.

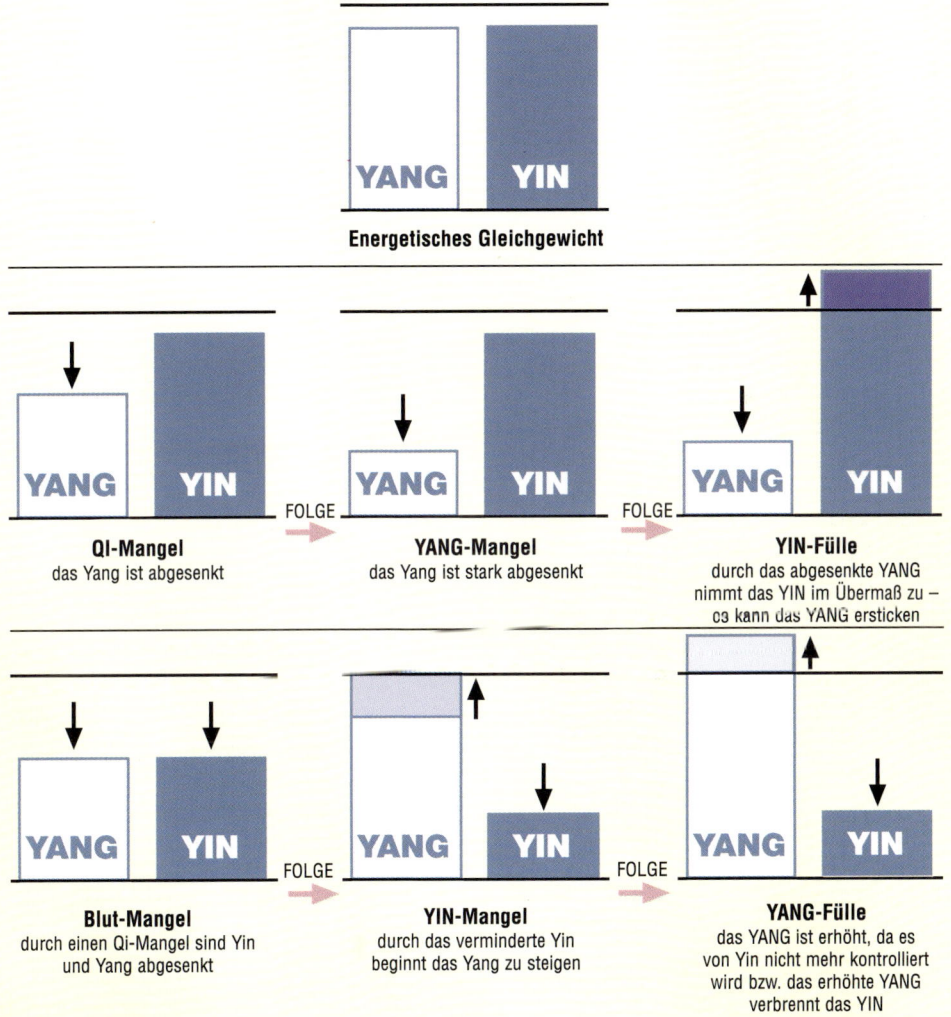

Energetisches Gleichgewicht

QI-Mangel
das Yang ist abgesenkt

FOLGE

YANG-Mangel
das Yang ist stark abgesenkt

FOLGE

YIN-Fülle
durch das abgesenkte YANG nimmt das YIN im Übermaß zu – os kann das YANG ersticken

Blut-Mangel
durch einen Qi-Mangel sind Yin und Yang abgesenkt

FOLGE

YIN-Mangel
durch das verminderte Yin beginnt das Yang zu steigen

FOLGE

YANG-Fülle
das YANG ist erhöht, da es von Yin nicht mehr kontrolliert wird bzw. das erhöhte YANG verbrennt das YIN

KRANKHEITSBILDER DER YANG-WURZEL

Symptome bei Qi- und Yang-Mangel

- blasses Gesicht
- Müdigkeit
- Konzentrationsschwäche
- eventuell Schwindel beim Aufstehen infolge niedrigen Blutdrucks
- friert leicht
- kalte Hände und Füße, Kältegefühl in den Knien, Hüften, Lenden
- Abneigung gegen Kälte, kalte Getränke und Speisen
- Appetitlosigkeit
- Heißhunger auf Süßes
- Neigung zu Völlegefühl und/oder Blähungen
- breiiger Stuhl
- heller Urin
- mangelnde Libido
- Rückenschmerzen mit Besserung durch Bewegung
- Menstruation: kurze Blutung mit wenig und hellem Blut, lange Zyklen oder Ausbleiben der Menstruation
- eventuell Unfruchtbarkeit, Impotenz

Ausgleichsmöglichkeiten

- warm essen (mind. 2mal täglich)
- Verwendung thermisch neutraler, erwärmender und wenig erhitzender Nahrungsmittel
- yangisierende Kochmethoden
- bevorzugte Geschmacksrichtung: süß, etwas scharf
- meide: Mikrowellenkost, Tiefkühlkost, thermisch kalte Nahrungsmittel, zu viel Rohkost, Südfrüchte im Winter, bittere und saure Speisen

Symptome bei Yin-Fülle durch Qi- und Yang-Schwäche

Durch die Schwäche von Qi und Yang und die dadurch entstehende Kälteproblematik kommt es zur sogenannten YIN-FÜLLE. Es können zu den bereits erwähnten Symptomen (siehe Symptome bei Qi- und Yang-Mangel) noch folgende hinzukommen:

- starkes Bedürfnis nach Wärme
- Schweregefühl
- langsam in Bewegung, Sprache und Denken
- Neigung zu Schwerfälligkeit und Depression
- Appetitlosigkeit
- eventuell Übelkeit
- Neigung zu Durchfall
- Wasseransammlungen in Armen, Beinen und Gesicht
- eventuell Übergewicht
- helmdruckartiger Kopfschmerz

Ausgleichsmöglichkeiten

- prinzipiell wie bei Qi- und Yang-Mangel
- eventuell sogar 3mal täglich eine warme Mahlzeit
- Vorsicht mit Süßem, da es befeuchtet
- zusätzlich zu meiden: Milchprodukte!
- bevorzugter Geschmack: etwas scharf, zusätzlich etwas bitterwarm wie z. B. geröstetes Getreide, Rotwein

*«Der beste Arzt ist jeweils
des Menschen eigene Mäßigkeit»*

Johann Wilhelm Ludwig Gleim

KRANKHEITSBILDER DER YIN-WURZEL

Symptome bei Blut- und Yin-Mangel

Durch das Fehlen von Qi und Wärme kann der Transformationsprozeß, der dem Körper die Möglichkeit gibt, Blut und Säfte zu produzieren, nicht stattfinden. Dadurch kommt es zu einer Schwäche des Yin. Eine weitere Ursache kann aber auch ein Zuviel an Yang sein, welches die Säfte verbrennt. Daher finden wir als Folge von Qi- und Blutmangel die YANG-FÜLLE, die sowohl Folge als auch Ursache sein kann.

- Lichtempfindlichkeit
- trockene Augen
- schuppige Kopfhaut
- eventuell Neigung zu Muskelkrämpfen
- brüchige Fingernägel und Haare
- emotionale Unausgeglichenheit (Schreckhaftigkeit, Gereiztheit, Verletzlichkeit)
- schnelle Ermüdung bei geistiger Anstrengung
- blasses Gesicht
- trockene, schuppige Haut
- Trockenheitsverstopfung
- eventuell Ohrensausen
- Druckkopfschmerz hinter den Augen
- Schlafstörungen
- Unruhe
- Nachtschweiß
- inneres Hitzegefühl
- nachts heiße Fußsohlen
- Durst

Ausgleichsmöglichkeiten

- Verwendung von neutralen und erfrischenden Nahrungsmitteln
- wenig kalte Nahrungsmittel
- yinisierende Kochmethoden
- ausreichende Nachtruhe
- emotionale Entspannung
- Verwendung vieler grüner Gemüse
- bevorzugter Geschmack: süß, etwas sauer, etwas salzig (Algen)
- meide: scharf, bitter, bitter-warm

Als Folge der fehlenden Säfte im Körper kommt es zum Überhandnehmen von Hitze; es kommt zur sogenannten YANG-FÜLLE.

Symptome bei Yang-Fülle infolge Blut- und Yin-Mangel

- rotes Gesicht
- hoher Blutdruck
- warme Hände und Füße
- Abneigung gegen Wärme
- verträgt keinen Druck, keine Einengung
- laute Stimme
- lautes Verhalten
- Neigung zu Verstopfung
- starker Appetit bis Heißhunger
- gelber, dunkler Urin
- Durst
- Schlafstörungen
- Kopfschmerzen an den Schläfen oder an der Schädeldecke
- eventuell Sodbrennen
- Menstruation: starke Blutung, dunkles Blut, eventuell kurzer Zyklus
- Spannungsgefühl in der Brust
- Reizbarkeit

Ausgleichsmöglichkeiten

- siehe Blut- und Yin-Mangel
- zusätzlich: sauer-kalt, scharf-kalt, scharf-erfrischend, bitter-kalt, salzig-kalt (Mineralwasser)
- erfrischende Milchprodukte
- Rohkost
- meide: siehe Blut- und Yin-Mangel
- meide zusätzlich: hochprozentigen Alkohol, thermisch heiße und scharfe Gewürze, Kaffee, Rauchen, viel Fleisch, Wurst und Geräuchertes, zuviel Salz, wenig Trinkflüssigkeit, Streß, Schlafmangel

ALLGEMEINES

Leider ist es häufig nicht ganz einfach, sich einer Gruppe zuzuordnen, da die meisten von uns Mischtypen sind. Allgemein sei daher empfohlen, sich eine Ernährungsweise anzueignen, die weder zu stark in die eine noch in die andere Richtung tendiert. Wenn wir den GOLDENEN MITTELWEG einschlagen, bekommt der Körper, was er braucht und kann ein geringfügiges Ungleichgewicht nach einiger Zeit von selbst wieder regulieren. Bei schweren Störungen braucht es oft längere Zeit zur Korrektur, eventuell hilft auch eine persönliche Ernährungsberatung.

«Mäßigkeit: es schadet nicht, eine Tasse Kaffee oder Schwarztee zu trinken, Fleisch zu essen oder gar einen Likör zu trinken, sondern der regelmäßige, tägliche Genuß ist schädlich und doppelt schädlich für den, der erblich belastet ist.»

Weisheit der Chinesischen Medizin

YIN UND YANG IN DEN JAHRESZEITEN

Aus der Zweiheit von Yin und Yang wird zunächst die Vierheit von KLEINEM YANG und GROSSEM YANG sowie von KLEINEM YIN und GROSSEM YIN.

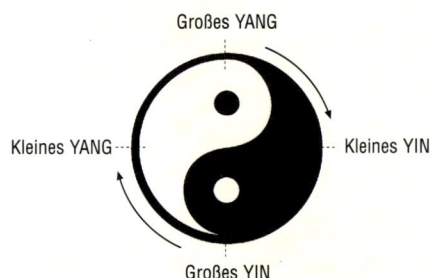

Aus "2 wird 4"

Beginnen wir nun ganz unten im Kreis, wo das KLEINE YANG langsam zu wachsen beginnt. Auf halbem Weg nach oben entsteht mehr und mehr Bewegung (= Qi) und dadurch mehr Wärme (= Yang). Praktisches Beispiel: Durch das Reiben der Hände (= Bewegung) entsteht Wärme (= Yang). Ganz oben am Zenit erreicht die Hitze ihren Höhepunkt, und wir sprechen vom GROSSEN YANG. Hitze führt zu Expansion. An der Peripherie dieser Expansion entsteht durch Kondensation wieder Abkühlung, und das Yang kippt ins Yin – es kommt zur Abkühlung – das KLEINE YIN entsteht. Yin bedeutet Abkühlung; diese führt zu Kontraktion. Am Punkt der größten Zusammenziehung sprechen wir vom sogenannten GROSSEN YIN. Durch die starke Kontraktion entsteht eine erhöhte Dichte des Materials, was wiederum zu verstärkter Reibung und dadurch zur

Entstehung von Wärme führt. Und das ist bereits wieder der Kern des Yang, der hier im Yin liegt. Auch hier kippt das Symbol des Yin in seinem Extrem hinüber ins beginnende Yang.

Die Zuordnung der Jahreszeiten ist einfach, wenn wir AUS 2 WIRD 4 verstanden haben. Wo Bewegung zu Wärme führt, im KLEINEN YANG, siedeln wir den FRÜHLING an. Hier kommt Bewegung in die Natur: Wind kommt, die Tage werden wieder länger, es gibt mehr Licht, der Schnee schmilzt, es wird wärmer, und die Säfte in den Pflanzen steigen nach oben. Im Gegensatz zu unserer herkömmlichen Kalenderrechnung beginnt der Frühling im System der TCM nicht erst am 21. März, sondern er erreicht hier bereits seinen Höhepunkt. Jede Jahreszeit dauert 72 Tage, d. h. vom 21. März werden 36 Tage nach vorne und nach hinten gezählt, um die volle Länge des Frühlings zu bekommen. Wenn man den Frühling einmal so im Kalender einträgt und die Natur beobachtet, dann wird man bestimmt Veränderungen wahrnehmen. Interessanterweise gibt es zu Beginn dieser Jahreszeit, d. h. Mitte Februar, bei uns den Brauch des Blumenschenkens am Valentinstag. Er ist Zeichen des nahenden Frühlings, aber auch Zeichen der Freundschaft, die im Verständnis der TCM dem HOLZ-Element zugeordnet wird, welches wiederum das Wachstum im Frühling versinnbildlicht.

Der SOMMER ist das GROSSE YANG. Es ist die Zeit der Hitze und der Expansion; die Erde ist weit und breit. Es zieht uns ins Freie, die Tage sind lang, hell und heiß. Der Höhepunkt des Sommers ist bei Tag- und Nachtgleiche zur Sommer-Sonnenwende am 21. Juni.

Der Herbst ist die Zeit des kleinen YIN. Es ist die Zeit mit dem Höhepunkt der Sonnenwende im September. Die Natur beginnt sich wieder zurückzuziehen. Die Säfte der Pflanzen und Bäume kehren in die Erde zurück, und die Blätter werden trocken und fallen ab.

Das GROSSE YIN, der WINTER, mit seinem Höhepunkt am 21. Dezember, zeigt die stärkste Zusammenziehung: Dunkelheit, wenig Tageslicht, Kälte, Passivität, Zeit der Stille, des Ruhens, des Sich-Regenerierens; Zeit des Kräftesammelns für den Neubeginn des kommenden Frühlings.

IN DER MITTE DER NACHT BEGINNT SCHON DER NÄCHSTE TAG

Der gute Rechner hat sicher bemerkt, daß bei 4 Jahreszeiten mit je 72 Tagen noch einige Tage fehlen. Es sind dies jeweils 18 Tage, die zwischen den Jahreszeiten liegen. Das ist die sogenannte DOJO-ZEIT, die Zeit der Mitte, in der die Energie der Elemente ausgeglichen ist, d. h. es gibt weder eine yinige noch eine yangige Tendenz.

DIE 5 ELEMENTE

Aufgrund von "Yin und Yang in den Jahreszeiten" können wir nun die 5 Elemente zuordnen.

Das KLEINE YANG mit seiner Frühlingsenergie, die nach oben strebt, wird dem Element HOLZ zugeordnet.

Das GROSSE YANG mit sommerlicher Hitze und viel Sonnenlicht gehört zum Element FEUER.

Das Sich-Sammeln der Energien im KLEINEN YIN des Herbstes steht für das METALL-Element.

Die totale Zusammenziehung des GROSSEN YIN, die schließlich die Energie wieder ins Fließen bringt, wird dem WASSER-Element zugeordnet.

Die dazwischenliegende DOJO-ZEIT ist die ERDE-Zeit. Sie ist die verbindende Kraft zwischen den Elementen, aber auch der Mittelpunkt.

Diese klassische Elementanordnung in Kreuzform zeigt sehr gut DIE WICHTIGKEIT DES ALLES VERBINDENDEN ERDELEMENTES. Wir werden darauf zurückkommen, wenn wir das System des DREIFACHEN ERWÄRMERS erklären.

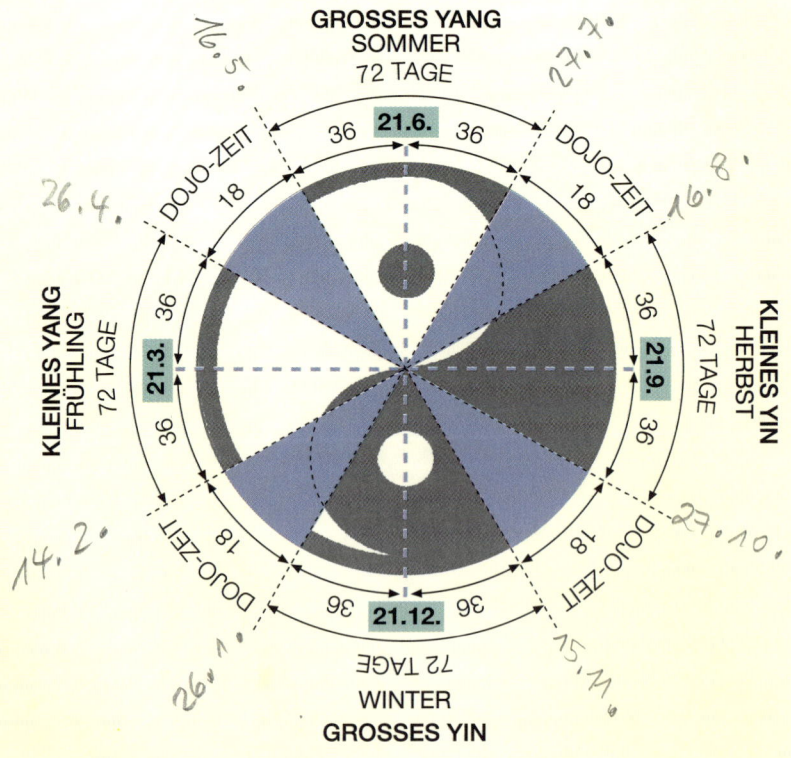

Die Anordnung der 5 Elemente, bei denen das ERD-Element zwischen FEUER und METALL rutscht, hat mit dem sogenannten FÜTTERUNGSZYKLUS zu tun. Er macht verständlich, wie sich die einzelnen Elemente gegenseitig nähren beziehungsweise Krankheitsbilder entstehen können.

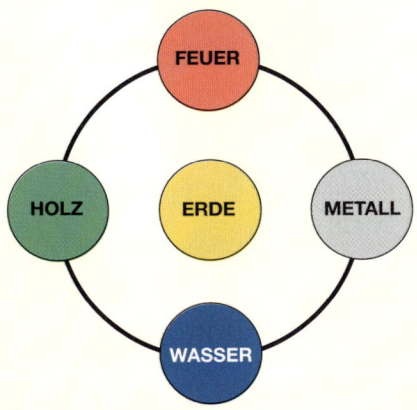

Die 5 Elemente

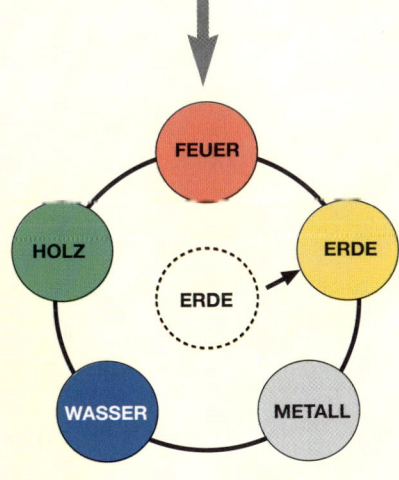

Aus "4 wird 5"

DER FÜTTERUNGSZYKLUS

Die TCM kennt insgesamt 5 Zyklen, mit denen sie in Diagnostik und Therapie arbeitet. Nachdem sich dieses Buch hauptsächlich mit der Ernährung befaßt, werden wir uns lediglich mit dem Fütterungszyklus beschäftigen, der hierfür maßgeblich ist. Es ist dies jener Zyklus, der uns zeigt, wie die Energie im Körper zirkuliert. Und genau dieses Muster verwenden wir auch beim Kochen, wenn wir größtmögliche Harmonie in unsere Mahlzeiten bringen wollen.

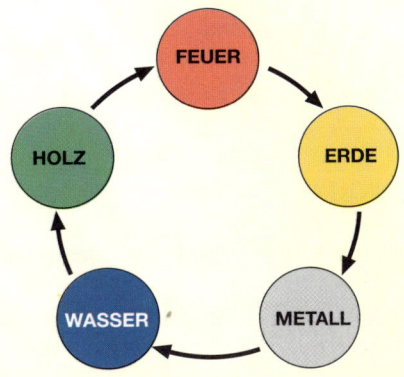

HOLZ nährt das FEUER
FEUER (Asche) nährt (wird zu) ERDE
ERDE kristallisiert und wird zu METALL
METALL (Mineralien) belebt das WASSER
WASSER nährt das HOLZ

Und das ist der Zyklus, der beim Kochen verwendet wird! Das heißt: wir kochen im Uhrzeigersinn und fügen alle Zutaten, die wir vorher den jeweiligen Elementen zugeordnet haben, in dieser Reihenfolge dem Essen bei. Dabei darf kein Element ausgelassen oder übersprungen werden. Näheres darüber im Kapitel: KOCHEN NACH DEN ELEMENTEN.

DIE EINZELNEN ELEMENTE

DAS HOLZ-ELEMENT

Es ist das KLEINE YANG im YIN/YANG-Symbol. Das HOLZ-Element drückt sich durch die zunehmende und sich nach oben bewegende Energie aus. Es steht für WACHSTUM, BEWEGUNG und LEBENDIGKEIT. Bioklimatisch finden wir diese Energieform vor allem im FRÜHLING, daher ist diese Jahreszeit mit Wind und schnellem Wachstum in der Natur dem HOLZ-Element zugeordnet. Auch der "Frühling des Lebens", unsere KINDHEIT, gehört hierher. Die Farbe des Elementes ist GRÜN. Daher kann man auch alles Grüne, z. B. grünes Gemüse wie Brokkoli und Spinat, der Farbe nach dem HOLZ-Element zuordnen.

Die ORGANE des HOLZ-Elementes sind die LEBER als Yin-Organ und die GALLENBLASE als Yang-Organ. So hat jedes Element in sich auch einen Yin- und einen Yang-Anteil, die sich ergänzen und ausgleichen. Leber und Gallenblase sind zuständig für die Versorgung von Muskeln und Sehnen, sie sind verantwortlich für deren Spannkraft und versorgen das Auge als Sinnesorgan. Bei Fehlfunktion dieses Elements kann es zu einer Unterversorgung von Muskeln und Sehnen kommen, was sich z. B. in schmerzhaften Spannungszuständen und Gelenksproblemen zeigen oder sich in Augenproblemen wie Lichtempfindlichkeit, Trockenheit und Rötung äußern kann.

Die PSYCHOLOGISCHEN ASPEKTE dieses Elementes sind Geduld, Flexibilität und Toleranz im positiven Sinne; Eifersucht, Ärger, Ungeduld und Zorn im negativen Sinne. Besonders der Zorn ist eine sehr yangige Emotion und kann durch die dadurch entstehende Hitze das Yin sehr stark schädigen. Zorn macht uns oft laut und wild, und die Leberenergie drängt nach oben, was zu einem roten Kopf, rot unterlaufenen Augen und Kopfweh führen kann. Man sagt ja auch bei uns oft, wenn jemand aufbrausend ist: "Was ist dir denn über die Leber gelaufen?"

ÄUSSERE URSACHEN, die zur Schädigung des Holz-Elementes führen: zuviel Chemie, sei es in Nahrungsmitteln (künstliche Aromastoffe und Vitamine, Konservierungsmittel, Bindemittel usw.), oder das Einatmen derselben z. B. durch chemisch behandelte Einrichtungsgegenstände oder die Verwendung synthetischer Duftöle, häufiger und langer Aufenthalt in Räumen mit Klimaanlage, Neonlicht, Kopiergeräten (Ozon) und Computern.

Spaziergänge im Grünen, Grünes auf dem Teller und Kräutertherapie sind Dinge, die unsere Leber entspannen. Aber Vorsicht mit dem Wind im Frühling! Gerade dieser bioklimatische Faktor kann dem Körper gefährlich werden, da er die Fähigkeit hat, über die Meridiane in den Körper einzudringen und die Säfte zu erschöpfen, was zu Muskelverspannungen wie Hexenschuß führen kann.

Wie die Natur im Frühling Platz für ihr Wachstum braucht, benötigt auch die Leber für ihre Arbeit viel Raum. Die Leber ist das Organ im Körper, welches absolut keinen Druck verträgt. Sie liebt es, sich entfalten zu können – nur dann ist sie entspannt. Jegliche Art von Druck und Einschränkung führt über kurz oder lang zu Leberproblemen. Sie können sich entweder in Form ständiger Anspannung und Gereiztheit oder in Frust und Depression zeigen. Geistige Entspannungsübungen wie Autogenes Training, Meditationen, Tai Chi und Chi Gong können hier sehr hilfreich sein.

Der Geschmack des Holz-Elementes ist SAUER. Sauer wirkt zusammenziehend und bringt die Energie nach innen und unten. Die dem Holz-Element zugeordneten Lebensmittel haben meist einen sauren Geschmack. Einige jedoch schmekken nicht sauer, so z. B. Huhn oder Weizen, und finden sich doch in diesem Element. Das hat mit ihrer speziellen Meridianwirkung auf die Organe des jeweiligen Elements zu tun. Außerdem kann man Lebensmittel auch nach ihrer Farbe zuordnen. Alle grünen Gemüse und Früchte haben einen Bezug zum Holz-Element.

DAS FEUER-ELEMENT

Das GROSSE YANG zeichnet sich durch Hitze und Helligkeit aus. Es ist jahreszeitlich der SOMMER, die Zeit des Reifens.

Zugeordnete Organe sind das HERZ als Yin-Organ und der DÜNNDARM als Yang-Organ. Außerdem befinden sich in diesem Element auch noch zwei weitere Funktionskreise, nämlich KREISLAUF UND DREIFACHER ERWÄRMER. Das Herz ist das Kaiserorgan unseres Körpers! Alle anderen Organe haben die Aufgabe (wie in einem kleinen Staat), den Kaiser zu schützen. Interessanterweise ist das Herz das einzige Organ unseres Körpers, welches keinen Krebs bekommt. Das Herz ist auch der Sitz des sogenannten SHEN, des geistigen Aspektes des Feuer-Elementes. Es ist dies unsere Klarheit, unser GEIST-Potential. Eine Fehlfunktion des Feuer-Elementes kann sich daher unter anderem auch im geistigen Bereich mit Verwirrung und Gedächtnisstörungen ausdrücken.

Das Feuer-Element steht in unserem Leben auch für die JUGENDZEIT, die Jugend, die wißbegierig ist und ihren Weg sucht. Neugierde, Wissensdurst, Lernen und geistiges Wachstum sind Dinge, die das Feuer am Leben halten. Die echte, wahre Freude ist die Freude der geistigen Erkenntnis. Im Gegensatz dazu ist Trauer eine störende Emotion, die das Feuer-Element schwächt, Trauer bei Fehlen von Erkenntnissen und grundlegender Unwissenheit. (Nicht zu verwechseln mit der Trauer des METALL-Elementes! – siehe dort.)

Vorsicht! Auch zu viel geistige Anstrengung (Studium, viel lesen und lernen) kann das Feuer-Element schwächen, da es die Säfte erschöpft.

Der Geschmack des Feuer-Elementes ist BITTER. Er bringt die Energie nach unten und trocknet aus.

DAS ERD-ELEMENT

Die Erde gilt als ZENTRUM, als MITTE, die ALLES ZUSAMMENHÄLT. Im Erd-Element sind Yin und Yang ausgeglichen. Im Kreislauf der Wandlungsphasen der 5 Elemente steht sie zwischen FEUER und METALL.

Bioklimatisch ist es die Zeit des SPÄT-SOMMERS, die Zeit der Ernte. In unserem Leben ist es die Zeit des MITTLEREN ALTERS. Die Ausbildung ist abgeschlossen, wir setzen das Gelernte im Beruf um, wir stehen mit beiden Beinen im Leben. Stabilität gibt Sicherheit, und wir haben Lust, eine Familie zu gründen.

Die zugeordneten Organe sind MILZ und BAUCHSPEICHELDRÜSE als Yin-Organe und der MAGEN als Yang-Organ. Der Magen hat die Aufgabe, Qi und Flüssigkeit aus der Nahrung zu extrahieren. Die Milz ist für die Verteilung dieser Substanzen im Körper zuständig. Das Erd-Element kontrolliert das Bindegewebe und das Muskelfleisch. Es benötigt Qi und Wärme, um seiner Transformationsfähigkeit nachkommen zu können, bei der verbrauchte Flüssigkeit aus dem Körper ausgeschieden und frische Säfte dem Organismus zugeführt werden. Bei Fehlfunktion wird im Körper vorhandene alte Feuchtigkeit nicht ausgeleitet, sondern eingelagert. Ödeme, Gewichtszunahme und Bin-

degewebsschwäche wie Cellulite können die Folge sein.

Ursachen einer Fehlfunktion können falsche Ernährung, Verzehr von Tiefkühlkost und das Kochen mit der Mikrowelle sein. Als körperlicher Faktor kommt zuviel Sitzen und als psychischer zuviel Grübeln und Selbstzweifel in Frage.

Ein starkes Erd-Element zeigt sich allgemein in guter körperlicher Verfassung und auf psychischer Ebene in Ausgeglichenheit, klarem, rationalem Denken und in einer guten Konzentrationsfähigkeit.

Die Farbe des Erd-Elementes ist das sonnige GELB reifer Getreidefelder, und der Geschmack ist SÜSS. Süß befeuchtet den Körper und hebt das Qi.

DAS METALL-ELEMENT

Das Metall-Element symbolisiert die Zeit der SAMMLUNG. Seine Jahreszeit ist der HERBST, die Zeit des KLEINEN YIN. Die Energien beginnen sich zurückzuziehen, alles bereitet sich auf die große Ruhe des Winters vor. Das Zusammenziehen der Energie führt zu Verfestigung und Trockenheit. In unserem Leben ist die Metall-Zeit die Zeit des Alterns. Die Säfteversorgung nimmt ab, die Haut wird trocken und faltig.

Die zugeordneten Organe sind LUNGE als Yin-Organ und DICKDARM als Yang-Organ. Sie kontrollieren die HAUT als äußeres Organ. Sowohl Haut als auch Lunge und Dickdarm sind besonders gefährdet durch zu große Trockenheit, sei es bioklimatisch durch den Wind oder durch bittere und damit austrocknende Faktoren wie z. B. Rauchen oder Genußmitttel wie Kaffee und Schwarztee.

Das Metall-Element stellt unsere Verbindung zu unserer Umgebung dar, einerseits durch die Haut als direkte Abgrenzung unseres Selbst zur Außenwelt, andererseits auf nichtmaterieller Ebene über die Lungen durch das Atmen. Unser Vertrauen in diese Umgebung, das Ur-Vertrauen in den Raum, der uns und alles enthält, die Fähigkeit, sich darin wohlzufühlen, stärkt das Metall-Element.

Dieses Element hat auch mit Zukunft zu tun, denn hier sitzt unser Überlebenswille; hier haben alle Reflexe und Instinkte ihren Platz. Hier entscheidet der Körper, ob er leben oder sterben will.

Besonders psychische Unausgeglichenheiten wie Unsicherheit, Angst und Sorgen um die Zukunft, Trauer um Verlorengegangenes (Personen, Heimat usw.), existentielle Sorgen sind Dinge, die das Metall-Element schwächen und sich in Haut-, Lungen- oder Dickdarmbeschwer-

den manifestieren können. Da die Lunge auch zuständig ist für die Verteilung des Qi an der Hautoberfläche, welches die Abwehrkraft beinhaltet, führt eine Schwächung des Metall-Elementes auch oft zu einer Immunschwäche mit Anfälligkeit für Infektionskrankheiten. Ein starkes Metall-Element zeigt sich in einer robusten Immunität, Durchsetzungsvermögen, Sinn für Gerechtigkeit und starkem Überlebenswillen.

Körperlich geschädigt wird das Metall-Element durch die eingangs erwähnten Faktoren, aber auch durch zu langes Liegen, da in diesem Fall das Qi nicht mehr optimal zirkulieren kann und es zur Erkrankung der Lunge kommt. Ein bekanntes Beispiel ist die Lungenentzündung bei alten Menschen, die oft lebensbedrohlich wird, wenn diese Personen zu lange das Bett hüten müssen.

Der Geschmack des Metall-Elementes ist der SCHARFE Geschmack. Er hat eine zerstreuende Wirkung und kann Blokkaden lösen.

DAS WASSER-ELEMENT

Das GROSSE YIN, das Wasser-Element, versinnbildlicht den WINTER. Durch die herrschende Kälte ist der Yang-Aspekt des Körpers gefährdet. Der Winter ist die kälteste und dunkelste Zeit des Jahres, Zeit der Passivität, der höchsten Konzentration, der Auflösung einerseits und des Sich-Sammelns für den Neubeginn andererseits.

Der Winter ist die Zeit des Todes und der Geburt, von Anfang und Ende. In der

Erde machen sich die Samen bereit zum Keimen. In den Organen des Wasser-Elementes, der NIERE als Yin-Organ und der BLASE als Yang-Organ, liegt der Ursprung unseres Seins, der Fruchtbarkeit. Die Nieren sind Speicher unserer Lebensenergie. Es gibt die vorgeburtliche Nierenenergie (Jing und Yuan-Qi), welche wir von unseren Eltern mitbekommen, und die nachgeburtliche Energie, die aus Atmung

und Nahrung aufgebaut wird. Die vorgeburtliche Essenz kann nicht wieder aufgefüllt werden. Sie ist vergleichbar mit einem Geldkonto, mit dem wir auf die Welt kommen und von dem wir bei sparsamem Haushalten lange zehren können. Die vorgeburtliche Essenz erschöpft sich natürlicherweise durch den Alterungsprozeß. Bei schlechter, unvernünftiger Lebensweise verbraucht sie sich jedoch schon früher. Wir können uns vor vorzeitiger Erschöpfung schützen, wenn wir ein gutes nachgeburtliches Qi aufbauen. Näheres dazu im Kapitel "Dreifacher Erwärmer". Die Nieren kontrollieren Fruchtbarkeit, Gehirn, Knochenmark, Gelenke, Zähne und Kopfhaare. Eine Schwächung dieser Energie, z. B. bei Schwangerschaft oder im Alter, kann zu Verlust von Zähnen, Haaren oder zu Osteoporose führen.

Dem Wasser-Element ist der SALZIGE Geschmack zugeordnet.

Aus psychologischer Sicht ist vor allem die Angst eine das Wasser-Element schwächende, der Mut eine das Element stärkende Emotion.

Angst läßt "unsere Knie (Gelenke) weich werden" oder Kinder in die Hosen pinkeln (die Nieren können ihre adstringierende Funktion nicht mehr erfüllen).

In unserer Lebensspanne steht das Wasser-Element für das HOHE ALTER und den TOD, aber auch für den Zeitpunkt der GEBURT, wo neues Leben keimt. Im Alter nimmt die Nieren-Energie ab. Zähne und Haare fallen aus, die Knochen werden brüchig, die Haut trocknet aus und wird faltig, die Haare verlieren ihre ursprüngliche Farbe, da sie nicht mehr so gut versorgt werden. Dieser körperliche Zerfall beinhaltet aber auch spirituelle Entwicklungsmöglichkeit, da wir mit der materiellen Auflösung unseres Ichs konfrontiert werden und zugleich jedoch auch die Kraft unseres geistigen Ichs erfahren können. Wir haben unser Leben gelebt, die Vergänglichkeit aller Dinge erkannt und sind dadurch weise und gelassen geworden. In der Weisheit des Alters erkennen wir den ewigen Kreislauf des Lebens – des Kommens und Gehens, Verwelkens und Erblühens, des Wachstums und des Zerfalls – das ewige Spiel der Polaritäten von Yin und Yang.

DIE ELEMENTE
UND DIE ZUGEORDNETEN
ASPEKTE

ELEMENT	HOLZ	FEUER	ERDE	METALL	WASSER
YIN-Organe	Leber	Herz	Milz	Lungen	Nieren
YANG-Organe	Gallenblase	Dünndarm	Magen	Dickdarm	Blase
Sinnesorgane	Augen	Zunge	Mund	Nase	Ohren
Sinn	sehen	sprechen	schmecken	riechen	hören
Körperstruktur	Muskeln Sehnen	Blutgefäße	Bindegewebe Muskelfleisch	Haut	Zähne, Gelenke Knochenmark Knochen, Gehirn
Bewegung	nach oben, sich entfaltend aufsteigend	nach oben, sich ausdehnend	ausgleichend	nach unten, sammelnd	nach innen, zusammen- ziehend
Schädigung	zuviel laufen	zuviel lesen	zuviel sitzen	zuviel liegen	zuviel stehen
Farbe	grün türkis	rot rosa	gelb gold braun	weiß silber grau	dunkelblau schwarz
Geschmack	sauer	bitter	süß	scharf	salzig
Emotionen	Geduld Toleranz Zorn Gereiztheit Eifersucht	Eifersucht Freude Begierde Verwirrung	Ratio Vernunft Grübeln	Gerechtigkeit Mitgefühl Trauer	Mut Furchtlosigkeit Bescheidenheit Angst
Getreide	Weizen Dinkel	Roggen Buchweizen	Mais, Hirse alle Getreide	alle Getreide Hafer	Hülsenfrüchte
Fleisch	Huhn Geflügel	Ziege Lamm	Rind	Pferd Wild	Schwein
Gemüse	frische Kräuter, schnell wachsende Gemüse, grüne Gemüse	rotes Gemüse, Pflanzen mit ausgedehntem Wachstum	gelbe Gemüse runde Formen	weiße Gemüse Wurzelgemüse	Algen Lagergemüse
Jahreszeit	Frühling	Sommer	Spätsommer	Herbst	Winter
Bioklimatischer Einfluß	Wind	Hitze	Feuchtigkeit	Trockenheit	Kälte
Lebensstufe	Kindheit	Jugend	Erwachsensein	Alter	Geburt, Tod
Himmelsrichtung	Ost	Süd	Mitte	West	Nord

THERMISCHE EIGEN-SCHAFTEN VON NAHRUNGS-MITTELN

Viele Nahrungsmittel haben die Fähigkeit, das Klima auszugleichen, in dem sie wachsen. Nahrungsmittel wie z. B. Südfrüchte, die in einem sehr heißen Klima (= Yang) wachsen, sind in ihrer thermischen Wirkung kalt (= Yin). Mit ihrer kühlenden Wirkung helfen sie den Menschen in dieser Gegend, die Hitze auszugleichen. Sie leiten so innere Hitzezustände aus. Es ist deshalb völlig unsinnig, in einer Yin-Jahreszeit wie dem Winter, wo wir gegen äußere Kälte zu kämpfen haben, Südfrüchte zu essen. Sie kühlen unseren Körper ab, leiten die Energie nach unten, schwächen unsere Abwehr und machen uns empfindlich für eindringende Kälte. Richtig ist, in der kalten Jahreszeit Nahrungsmittel zu verwenden, die in ihrer Natur Yang verkörpern, d. h. dem Körper Wärme zuführen, um ihn widerstandsfähiger gegenüber der bioklimatisch herrschenden Kälte zu machen.

Das Mißverständnis bezüglich Südfrüchten, die im Winter für uns so gesund sein sollen, geht wahrscheinlich viele Jahre zurück, als Wissenschaftler herausfanden, daß ein an Grippe erkrankter Organismus extrem viel Vitamin C verbraucht. Die Fachleute gingen davon aus, daß durch vermehrte Einnahme von Vitamin C das Immunsystem gestärkt werden könne. Das stimmt leider nur bedingt! Es stellt sich die Frage, wann der Körper besonders viel Vitamin C braucht. Und welche Form von Vitamin C ist gefragt? Wir haben es schon erwähnt, Südfrüchte sind thermisch gese-

hen sehr kalt. Haben wir nun bereits eine Grippe und Fieber, dann helfen die hitzeausleitenden Südfrüchte, unseren Körper abzukühlen, und bringen uns so Erleichterung. Geht es jedoch darum, unseren Körper auch im Winter, wenn wir weniger Obst und Salat essen als im Sommer, mit den notwendigen Vitaminen zu versorgen, dann sind die Südfrüchte nicht die beste Wahl. Die schlechteste Variante der Vitaminzufuhr ist der Griff zu den synthetisch hergestellten Vitaminen (generell), die von jeglichen Nahrungsmitteln losgelöst dem Körper zugeführt werden. Interessanterweise unterscheidet sich deren Wirkung erwiesenermaßen von solchen natürlichen Ursprungs. Die zweitschlechteste Wahl zur Deckung des Vitaminbedarfs im Winter sind Zitrusfrüchte in großen Mengen. Die beste Variante ist meistens die einfachste: In jeder Jahreszeit die Dinge zu verwenden, die die Natur in dieser Zeit in unserer Gegend für uns bereithält. Solche Lebensmittel beinhalten alles, was wir brauchen!

Winterliche Vitamin-C-Lieferanten sind unter anderem Petersilie, Rosenkohl, Hagebutten, und Meerrettich. Sie sind thermisch nicht so kalt wie Südfrüchte und helfen so, unseren Körper im Gleichgewicht zu halten.

Abschließend sei aber noch erwähnt, daß bei gesunder Lebensführung und guter körperlicher Verfassung nichts gegen eine Orange oder Mandarine ab und zu um die Weihnachtszeit einzuwenden ist! Was zählt, ist die Menge!!!

Viele Kulturen wissen um die thermische Wirkung der Nahrungsmittel. Auch bei uns wurde früher schon immer bei Fieberzuständen der thermisch kalte Lindenblütentee mit Zitrone verabreicht. Er hilft dank seiner schweißtreibenden Wirkung, die im Körper entstandene Hitze über die Poren der Haut auszuleiten.

Ein weiteres Beispiel ist die Verwendung thermisch heißer Gewürze während der Wintermonate. Glühwein und Weihnachtsgebäck wie Lebkuchen werden mit solchen Gewürzen (Zimt, Nelken, Sternanis usw.) aromatisiert, und wir haben eigentlich nur im Winter Lust auf diese Gewürze.

Und auch die Nordafrikaner trinken ihren Tee nicht, damit ihnen warm wird. Sie trinken heißen Tee, vorzugsweise Pfefferminze, weil er den Körper weniger belastet als ein eiskaltes Getränk (geringerer Temperaturunterschied zur Außentemperatur). Außerdem ist Pfefferminze thermisch kalt und hilft damit bei yangiger Wüstenhitze. Zusätzlich wird der Tee noch stark gesüßt, was den Körper befeuchtet und so einen guten Ausgleich zum trockenen Wüstenklima darstellt. Ist doch optimal, nicht!

Wenn wir nur ein bißchen nach innen horchen, dann sagt uns der Körper, was er braucht. Im Winter, wenn es draußen kalt ist, haben wir Lust auf dicke, nahrhafte Suppen, auf Aufläufe und Eintöpfe mit vielen Gewürzen. Im Sommer haben wir mehr Verlangen nach erfrischenden Salaten, säuerlichem Kompott und kühlen Speisen.

Jedes Ding zu seiner Zeit, dies ist wohl das Geheimnis einer vollwertigen Ernährung!

KALTE NAHRUNGSMITTEL

In diese Gruppe gehören Südfrüchte (Orangen, Zitronen, Ananas, Bananen, Kiwi usw.), Tomaten, Gurken und Mineralwässer. Sie kühlen den Körper sehr stark ab und sollten daher nur in kleinen Mengen und in der heißen Jahreszeit konsumiert werden. Im Winter sind sie eher zu meiden, im Herbst zu reduzieren. Ein Zuviel davon verletzt das Qi und das Yang des Körpers und führt zu einer Kältesymptomatik (siehe dort). Zu Südfrüchten wäre noch zu sagen, daß der Grad der Abkühlung davon abhängt, wo sie gewachsen sind. Je heißer das Klima, desto stärker die Kältewirkung. So hat z. B. eine Orange aus Afrika eine größere Kältewirkung als eine aus Sizilien. Eine Kiwi aus der Bodenseeregion ist nicht so kalt wie eine aus Neuseeland.

Thermisch kalt sind genaugenommen auch tiefgekühlte Nahrungsmittel. Durch den Gefrierprozeß werden die Zellwände gesprengt, das Qi des Lebensmittels wird zerstört. Damit hat es eigentlich das Recht auf die die Bezeichnung "Lebensmittel" verloren. Durch den Qi-Verlust ist es für den Körper nicht mehr als lebendiges Nahrungsmittel erkennbar, es stellt daher eher eine Belastung dar, da es schwer verdaulich geworden ist. Kalte Nahrungsmittel führen wegen der Abkühlung des Körpers zu einer verlangsamten Darmpassage, was zu verstärkter Fäulnisbildung und damit zu vermehrter körperlicher Belastung führt.

ERFRISCHENDE NAHRUNGS-MITTEL

Zu dieser Gruppe zählen die meisten Gemüse, sauer vergorene Milchprodukte, einheimische Früchte und Salate. Sie helfen uns, die Säfte des Körpers zu ergänzen. Bei guter Gesundheit kann man sie das ganze Jahr essen. Ein Zuviel führt allerdings wieder zu Qi- und Yang-Mangel. Daher sollten sie besonders in der kühleren Jahreszeit reduziert beziehungsweise nur in gekochtem Zustand verwendet werden. Im Sommer jedoch bei hoher Außentemperatur helfen sie uns, die durch das Schwitzen verlorenen Säfte wieder aufzubauen.

NEUTRALE NAHRUNGS-MITTEL

Viele Gemüse des Erd-Elementes (besonders die gelben) und alle Vollkorngetreide sind eine Quelle des Qi, da sie ausgeglichen sind und den Körper harmonisieren. Vor allem Getreide hilft, den Körper zu reinigen, indem toxische Ablagerungen von Fleisch- und Milchprodukten ausgeschieden werden. Zum Getreide ist zu bemerken, daß es in gekochtem Zustand verwendet werden sollte und gut gekaut werden muß, daß es vom Körper nur bei guter Einspeichelung optimal verdaut werden kann. Die Kohlehydratverdauung beginnt im Mund!

Das Getreide ist das Vollwertigste, was wir zum Essen haben, da in jedem Korn die gesamte Information über die Pflanze enthalten ist – es ist sozusagen "geballtes Qi". Getreidekörner aus ägyptischen Grabkammern haben auch nach 4000 Jahren noch zu keimen begonnen, als man sie mit Wasser begoß.

WARME NAHRUNGSMITTEL

Dazu zählen fast alle getrockneten Kräuter und Gewürze, einige Fisch- und Fleischsorten und einige Gemüse. Sie sollten das ganze Jahr über verwendet werden. Reduziert werden sie bei inneren Hitzezuständen und im Sommer, wenn es draußen ohnehin warm ist.

HEISSE NAHRUNGSMITTEL

Lammfleisch und scharfe Gewürze gehören unter anderem in diese Gruppe. Sie sollten in kleinen Mengen verwendet werden, da sie sonst innere Hitze auslösen können. Im Winter helfen sie, den Körper gegen Kälte zu schützen, da sie das Qi und das Yang tonisieren. Auch hochprozentiger Alkohol (z. B. Cognac) ist sehr yangig.

Die Verwendung heißer Nahrungsmittel und yangiger Kochmethoden sei besonders Vegetariern empfohlen, da sie auf die yangisierende Wirkung von Fleisch verzichten. In der traditionellen Küche (mit Fleisch) sollten viele scharfe Gewürze und yangisierende Kochmethoden wie scharfes Anbraten nur sporadisch eingesetzt werden. Generell ist zu sagen, daß erwärmende, neutrale und erfrischende Nahrungsmittel etwa zu gleichen Teilen auf dem Speisezettel vertreten sein sollten.

KOCHEN MIT DEN JAHRESZEITEN

*«Die Mäßigkeit ist ein Baum,
dessen Wurzel Genügsamkeit heißt
und dessen Früchte Gesundheit und
Zufriedenheit sind.»*

Valerius Maximus

FRÜHLING

Im Frühling, wenn sich das Qi in der Natur hebt, gibt es wieder viel frisches grünes Gemüse und Kräuter, die nun vermehrt auf unseren Speisezettel kommen sollten. Sie bringen das Qi in Bewegung und bauen Blut und Säfte auf.

Der Frühling ist Neuanfang, und er kommt mit viel Bewegung. Auch unser Körper will diese Energie leben und leicht wie der Frühlingswind sein. Nach dem Winter fühlen wir uns oft träge durch das viele üppige Essen mit einem hohen Anteil an tierischem Fett und Eiweiß. Die Erhöhung des Getreideanteils in der täglichen Ernährung hilft dem Körper, sich zu reinigen und die Schlacken aus dem Körper zu schaffen. Besonders Weizen, Dinkel und Grünkern haben eine gute Wirkung auf die Organe des Holz-Elementes und helfen, diese zu entgiften und zu erfrischen.

SOMMER

Im Sommer, wenn die Hitze zunimmt, brauchen wir mehr Erfrischendes. Der Anteil an Rohkost, Früchten und Salaten kann erhöht werden. Leicht säuerliche Kompotte aus Früchten und Früchtetees schützen den Körper vor zuviel Flüssigkeitsverlust infolge Schwitzens. Gedämpftes und kurz gedünstetes Gemüse und Getreide bestimmen unsere Mahlzeiten. Wir essen weniger Fleisch und geben leichten Fischgerichten den Vorzug.

SPÄTSOMMER

Der Spätsommer, die Zeit der Ernte, bringt uns viel süßes gelbes Gemüse, das besonders die Organe Milz und Magen harmonisiert.

Reifes Obst, Gemüsesuppen, Salate, erste Kürbisse und Maiskolben stärken und erfrischen unseren Organismus. Sie helfen, den Körper ins Gleichgewicht zu bringen, hin zum Wechsel, zu den Yin-Jahreszeiten.

HERBST

Mit dem Herbst kommt die Zeit der Trockenheit. Die erfrischenden, thermisch kalten Nahrungsmittel des Sommers haben viel Feuchtigkeit in unseren Körper gebracht, die wieder ausgeschieden werden sollte. Ansonsten könnte sie sich in Verbindung mit den erwärmenden Kochmethoden des Winters in Feuchte-Hitze-Zustände wandeln.

Das Herbstgetreide ist der Reis. Er hilft uns, diese Feuchtigkeit auszuscheiden. An ein paar Tagen hintereinander nur Rundkorn-Naturreis (ohne Salz) zu essen, hat sich als gute Reinigungsmethode bewährt.

Die erfrischenden Nahrungsmittel des Sommers werden nun im Herbst durch warme ersetzt, und wir aromatisieren wieder mehr mit erwärmenden Gewürzen. Der scharfe Geschmack des Metall-Elementes findet sich in vielen weißen Gemüsen, die jetzt reif sind: Rettich, Blumenkohl, Kohlrabi, Meerrettich und andere.

Sie helfen auch, Staus zu lösen und die Energie in Bewegung zu halten. Außerdem hat der scharfe Geschmack eine yangisierende Wirkung. Wir bekommen im Herbst auch wieder Lust auf langgekochte Suppen und Gemüse.

WINTER

Mit zunehmender Kälte des Winters haben wir wieder mehr Appetit auf üppige Mahlzeiten, auf Eintöpfe und Aufläufe, auf das Kochen mit vielen Gewürzen, alles gute Mittel, um unseren Körper zu wärmen und gegen Kälte zu schützen.

Jetzt ist die Zeit der Lagergemüse, die alle wärmend sind: Knollensellerie, Kohl/Kabis, Möhren/Karotten, Zwiebeln, Lauch/Porree.

Das Getreide kann kurz trocken geröstet werden, um es zu yangisieren. Besonders gut im Winter sind auch der thermisch warme Hafer und der Verzehr von Hülsenfrüchten.

DIE GESCHMACKSARTEN

SAUER

Dies ist der Geschmack des HOLZ-Elementes. SAUER bringt die Energie nach innen und unten, d. h. wirkt zusammenziehend und bindet Energie.

Thermisch gesehen hat der saure Geschmack meistens eine erfrischende Wirkung (lediglich Essig ist sauer-warm). Durch seine adstringierende Wirkung hilft er schon in kleinen Mengen, den Körper vor Flüssigkeitsverlust zu bewahren, z. B. beim Sport oder im Sommer in Form von Früchtetees und Kompott. Bei einem Zuviel sinkt jedoch die Energie, es kommt zur Qi-Stagnation und zu verspannter Muskulatur. Therapeutisch wird Sauer-Adstringierendes unter anderem bei Durchfall und Inkontinenz (Unvermögen, Harn und Stuhl zurückzuhalten) eingesetzt.

Da der saure Geschmack eine direkte Wirkung auf das Holz-Element hat, werden Kräuter-Rezepturen, die speziell die Leber ansprechen sollen, oft säuerlich zubereitet.

Zu meiden ist der saure Geschmack vor allem bei Qi-Mangel, da er das restliche Qi vom Zirkulieren abhalten würde.

Sauer-erfrischend sind auch alle sauer vergorenen Milchprodukte: Joghurt, Quark und saure Sahne/Sauerrahm. Diese Lebensmittel bauen im Körper Säfte auf, kühlen ihn andererseits aber relativ stark ab. Sie sollten deshalb nur in geringen Mengen verwendet werden. Milchprodukte im allgemeinen befeuchten den Körper, verschleimen ihn aber auch. In unseren Breitengraden wird leider stets zuviel davon gegessen!!!

BITTER

BITTER gehört zum FEUER-Element. Der bittere Geschmack bringt die Energie nach unten und wird daher als Yin-Geschmack bezeichnet. Diese Fähigkeit des Nach-unten-Leitens machen wir uns z. B. nach einem guten Essen zunutze, wenn wir die Verdauung mit einem Espresso anregen. Bitter trocknet jedoch auch aus. Wenn bei einem Zuviel die Säfte erschöpft werden, kann dies zu trockener Haut und/oder Verstopfung führen. Also Vorsicht vor zuviel Kaffee, wenn Sie Angst vor Falten haben! Therapeutisch kann der bittere Geschmack genutzt werden, um z. B. bei hohem Blutdruck das Yang abzusenken, bei Hustenanfällen das Lungen-Qi wieder nach unten zu bewegen oder bei Nahrungsstau die Ausscheidungstätigkeit anzuregen.

Thermisch gesehen sind die meisten bitteren Kräuter und Lebensmittel erfrischend oder kalt. Ein bitter-warmes Genußmittel ist der Kaffee. Er bringt die Energie kurzfristig nach oben, was inspirierend wirkt, senkt langfristig das Qi aber ab und trocknet das Yin der Nieren aus. Diese austrocknende Wirkung hat aber nicht nur der Kaffee, sondern auch der Schwarztee und mehr oder weniger alle bitteren Nahrungsmittel. Daher sind alle Genuß- und Nahrungsmittel mit diesem Geschmack bei Trockenheitszuständen (Blutarmut, Yin-Mangel) zu meiden.

SÜSS

SÜSS wird dem ERD-Element zugeordnet. Es harmonisiert und baut Qi auf. Süß entspannt und hilft die Energie im Körper zu heben, daher wird Süß als Yang-Geschmack bezeichnet. Nicht umsonst haben wir bei Streß und Müdigkeit ein Verlangen nach Süßem.

Der süße Geschmack hat auch eine befeuchtende Wirkung. Süßes Obst und die meisten süßen gelben Gemüse des Erd-Elementes passen daher sehr gut in die warme Zeit, in der sie wachsen und in der die Säfte des Körpers durch die äußerlich herrschende bioklimatische Hitze geschwächt sind. Durch die Anregung der Säfteproduktion kommt es zu einer Verlangsamung aller energetischen Prozesse im Organismus und damit zur allgemeinen Entspannung. Süß entspannt, gleicht aus und baut auf. Die Frage ist nur mit welchen Produkten! Damit ist nicht in erster Linie Zucker und Schokolade gemeint, sondern vielmehr die das Erd-Element stärkende natürliche Süße, die in allen gelben Gemüsen wie Mais, Möhren/Karotten, Kürbis usw. sowie im Getreide enthalten ist. Diese Süße ist ein optimaler Energiespender, welcher den Körper aufbaut.

Im Gegensatz dazu führt der industriell gefertigte Süßstoff zu einem krassen Jo-Jo-Effekt, den der weiße Zucker im Wechselspiel mit dem Insulin auslöst. Weißer Zucker geht schnell ins Blut und wird auch schnell wieder abgebaut. Meist landet man in der Energiekurve auf tieferem Niveau als vor der Einnahme solcher Süßigkeiten. Zudem ist der weiße Zucker ein ausgesprochener Vitaminräuber und thermisch gesehen sehr kalt, so daß er den Körper abkühlt und langfristig zur Feuchte-Kälte-Symptomatik führen kann.

Wenn unser Körper nach süßen Dingen verlangt, so ist das Zeichen einer Schwäche des Erd-Elementes. Die Ursache ist meist eine falsche Ernährung. Das Essen von vielen thermisch kalten Nahrungsmitteln wie Rohkost, Tiefkühlkost, weißem Zucker, sauer vergorenen Milchprodukten und denaturierten Nahrungsmitteln schwächt die Organe des Erd-Elementes und führt zu Disharmonie-Mustern wie dem ständigen Verlangen nach Süßem, Müdigkeit, Abgeschlagenheit, Völlegefühl, Blähungen, Kältegefühl und einigem mehr. Um einer Unterversorgung vorzubeugen, sollte das Erd-Element, welches ja unsere Mitte darstellt, mit Lebensmitteln aus diesem Element vermehrt versorgt werden. Auch sollte man gekochten Speisen den Vorzug geben, da sie vom Körper leichter verarbeitet werden können. Denaturierte Nahrungsmittel jeglicher Art meidet man am besten.

Zum süßen Geschmack des Erd-Elementes gehören aber auch viele nicht ganz offensichtlich süße Nahrungsmittel wie z. B. Rinderfleisch, Nüsse und alle Fette und Öle. Sie haben eine ausgeglichene Energie, befeuchten und entspannen den Organismus und tonisieren das Qi.

Besonders Kinder haben durch ihre noch nicht voll ausgebildete "Mitte" (siehe Mittlerer Erwärmer) ein starkes Bedürfnis nach Süßem. Man sollte ihnen vor allem Gemüse aus dem Erd-Element geben, süße Milchprodukte und gekochtes Vollkorngetreide. Zum Süßen kann man Dörrfrüchte, Gerstenmalz, Ahornsirup oder Honig verwenden. Aber Vorsicht! Wie bereits erwähnt, ist der süße Geschmack meist kalt und sollte daher sparsam dosiert werden. Speziell in Kombination mit Südfrüchten und sauer vergorenen Milchprodukten wie Bananenquark, Früchtejoghurt und Speiseeis wird der kindliche Organismus stark abgekühlt, und es kann zur Feuchte-Kälte-Problematik mit Durchfall oder Schleimsymptomatik der oberen Luftwege kommen. Da hilft dann nur der Griff zum Kochtopf: Porridge, Hirse-, Hafer- oder Weizengrießbrei bringen wieder Ordnung in den kindlichen Wärmehaushalt.

SCHARF

SCHARF ist der Geschmack des METALL-Elementes. Er hat eine zerstreuende Wirkung und löst Stagnation. In heißen Ländern wird oft sehr scharf gekocht, was das Bakterienwachstum sowohl in den Speisen als auch im Körper durch Anregung der Magensäfte verhindert.

Andererseits löst aber der scharfe Geschmack im Körper auch leicht innere Hitze aus, die nur schwer durch gleichzeitige Verwendung von kühlenden (z. B. Gurken, Joghurt) und sehr süßen Speisen zu kontrollieren ist.

Scharf-kalt wie z. B. Pfefferminze kann bei äußerer Windhitze verwendet werden. Scharf-warm und scharf-heiß wird im Anfangsstadium von Erkältungskrankheiten therapeutisch genutzt. Bei Schüttelfrost hat sich das Trinken von Ingwertee bestens bewährt, um den Körper zu wärmen und über das Schwitzen die eingedrungene Kälte zu vertreiben.

Ein weiteres Beispiel ist ein hochprozentiges alkoholisches Getränk wie Schnaps, den man trinkt, wenn man zuviel oder zu fetthaltig gegessen hat. Er hilft, den Stau zu lösen und die Energien wieder zu verteilen.

Im Winter wird durch die Verwendung scharfer Gewürze und von Wintergemüse (Lauch/Porree, Meerrettich usw.) das Yang tonisiert und die Energie nach oben und außen verteilt, so daß die körperliche Abwehr gestärkt wird.

Zu viele scharf-warme und scharf-heiße Gewürze sowie zuviel Alkohol können zu innerer Hitze führen. Deshalb ist bei bereits bestehender Yang-Fülle mit Bluthochdruck, Gereiztheit, Muskelverspannungen und Hitzegefühlen von diesem Geschmack dringend abzuraten!

SALZIG

SALZIG ist dem WASSER-Element zugeordnet. Dieser Geschmack ist eine Kombination aus Feuer und Wasser. Je nachdem, in welcher Konstellation er sich befindet, ist auch seine Wirkung unterschiedlich. Salz in Kombination mit Wasser (z. B. Mineralwasser), hat eine thermisch kalte Wirkung und kann besonders das Nieren-Yang abkühlen. Durch seine Fähigkeit, Wasser zu binden, hat Salz aber auch eine auflösende Wirkung, was u.a. in der Krebstherapie und zum Abführen bei Verstopfung (Glaubersalz) genutzt wird.

Salz in Kombination mit tierischem Eiweiß (Fleisch, Wurst, Käse usw.) macht den Körper sehr heiß, da beide Produkte sehr yangig sind. Wenn Fleisch, Erhit-

zungsprozeß und Salz zusammenkommen, entstehen toxische Abfallprodukte, die zu Ablagerungen im Körper (Arteriosklerose) führen können. Besonders wegen seines austrocknenden und seines yangisierenden Effektes ist Salz mit Vorsicht zu genießen, speziell bei Hitze- und Säfteproblematik und bei zu hohem Blutdruck.

Unsere Nahrungsmittel enthalten leider viel zuviel Salz. Mineralwässer, Brot, Käse und Wurst sind sehr salzhaltig, so daß vielen Menschen allein schon dadurch das gesunde Maß verlorengegangen ist. Vom Salzstreuer ganz zu schweigen. Die Kunst liegt wieder einmal darin, die goldene Mitte zu finden.

Erwähnenswert ist vielleicht auch noch die Verbindung des salzigen Geschmacks zu den Organen des Erd-Elementes. In der richtigen Menge tonisiert Salz die Milz, ein Zuviel trocknet sie aus. Außerdem heizt Salz das Yang des Magens an, was sich viele Wirte zunutze machen. Sie servieren entweder salzige Suppen oder Salzgebäck zum Aperitif. Das macht einerseits vermehrt Appetit und andererseits verstärkt es den Durst, da es austrocknet. Über den Fütterungszyklus wird bei zuviel Salz die Leber in Mitleidenschaft gezogen, und wir bekommen entweder vermehrt Lust auf Süßes, um unsere Säfte zu tonisieren, oder wir trinken mehr Alkohol, um über den scharfen Geschmack des Alkohols die durch den entstandenen Säftemangel angespannte Leber zu entspannen. So entsteht ein ständiges Hin und Her, welches am ehesten durch eine konsequente Salzreduktion beendet werden kann.

Versuchen Sie einmal, den Salzkonsum zu kontrollieren beziehungsweise einige Zeit ganz darauf zu verzichten, um den Eigengeschmack der Nahrungsmittel wieder zu erleben.

Salz ist ein nicht zu unterschätzender Faktor bei der Entstehung von Krankheiten, vor allem bei Herzinfarkt, wie die Untersuchungen immer wieder zeigen.

DER DREIFACHE ERWÄRMER

Der Funktionskreis des DREIFACHEN ERWÄRMERS ist ein sehr einfaches, leicht verständliches System, welches den Körper in drei Teile unterteilt. Ihm liegen die Standorte der einzelnen Organe zugrunde, die durch ihre Lage spezielle Funktionen haben.

Die Organe des Oberkörpers sind Herz und Lunge. Wir bezeichnen diesen Bereich als OBEREN ERWÄRMER.

Die Organe in der Mitte unseres Körpers sind Leber, Gallenblase, Milz, Bauchspeicheldrüse und Magen. Unser Augenmerk beim Verstehen des "Dreifachen-Erwärmer-Systems" legen wir jedoch einfacherweise auf Milz und Magen. Sie stellen den sogenannten MITTLEREN ERWÄRMER dar.

Der UNTERE ERWÄRMER besteht hauptsächlich aus Nieren und Blase und in Erweiterung auch aus Dünndarm und Dickdarm.

HERZ LUNGE	Oberer Erwärmer (OE)
MILZ MAGEN LEBER GALLENBLASE	Mittlerer Erwärmer (ME)
NIERE BLASE DICKDARM	Unterer Erwärmer (UE)

"Der Dreifache Erwärmer"

Dieses Bild vom DREIFACHEN ERWÄRMER zeigt uns, daß das System den ganzen Organismus versorgt. Dieses System ist besonders für das Verstehen der Wirkung der Nahrungsmittel im Körper und der Ernährung im allgemeinen von Bedeutung.

DER UNTERE ERWÄRMER

Die Organe des Unteren Erwärmers (Niere und Blase) stellen die Basis unseres Lebens dar. Wie schon im Kapitel WASSER-Element besprochen, sind die Nieren Speicher unserer Lebensenergie, sowohl auf materieller (Jing) als auch auf energetischer (Yuan-Qi) Ebene.

Die Nieren sind im YIN-/YANG-Symbol die Organe des GROSSEN YIN und damit

Symbole für die stärkste Zusammenziehung, für die größe Verdichtung. Daher
stehen sie auch für unsere Lebensessenz,
die über Sein und Nichtsein entscheidet.
Auf materieller Ebene (Jing) versinnbildli-
chen sie die Struktur unseres Körpers – sie
kontrollieren Knochenbau, Knochenmark,
Gehirnmasse, Haare, Zähne, Ei und Sper-
ma – alles sehr verdichtete Aspekte. Auf
energetischer Ebene stehen sie für die Ur-
Energie (Yuan-Qi), die alles wärmt und in
Bewegung hält.

Jing- und Yuan-Qi sind die Wurzeln
unseres Lebens. Mit einem bestimmten
Quantum davon kommen wir bereits auf
die Welt. Im Gegensatz zum Jing-Qi kann
das Yuan-Qi nicht wieder aufgefüllt werden, wenn es erschöpft ist. Die Nieren sind
somit Sitz unseres Lebensfeuers. Solange
hier genug Substanz ist, solange brennt
das Feuer. Und wiederum: Energie und
Materie sind voneinander abhängig! Yin
und Yang brauchen sich gegenseitig!
Ohne Kohle (Substanz) keine Wärme
(Energie). Und die Kohle allein kann uns
auch nicht wärmen. Es braucht den zün-
denden Funken des Feuers. Sie sehen, es
ist eigentlich ganz einfach! Auch in unserem Körper ist es nicht anders. Der Körper
allein ohne Lebensenergie ist nicht lebens-
fähig; er ist nur eine leblose Hülle. Und die
Energie wiederum kann sich nur über die
Materie ausdrücken.

Wie schon erwähnt, sitzt in den Nieren
einerseits unser materieller Aspekt, unsere
Lebensessenz "Jing", und andererseits
das Nierenfeuer, welches die Substanz in
Bewegung bringt.

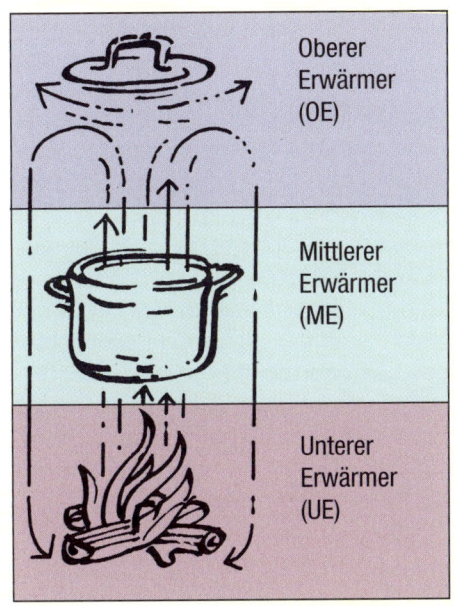

Oberer
Erwärmer
(OE)

Mittlerer
Erwärmer
(ME)

Unterer
Erwärmer
(UE)

Im Unteren Erwärmer (UE) brennt das
Nierenfeuer – es ist die Voraussetzung für
Leben überhaupt!

DER MITTLERE ERWÄRMER

Im Mittleren Erwärmer (ME) befindet
sich ein Kochtopf – er versinnbildlicht den
Magen, in den wir unsere Nahrungsmittel
füllen. Die Milz ist wie der Kochlöffel, der
alles verteilt. Milz und Magen sind das zentrale Element dieses Verteilungssystems.

Das Feuer des Unteren Erwärmers (UE)
wärmt nun den Brei im Kochtopf, der langsam warm wird und schließlich zum Kochen gebracht wird. Tritt das ein, dann ver-
dampft Wärme und Substanz nach oben.

DER OBERE ERWÄRMER

Im Oberen Erwärmer (OE) haben wir Herz und Lunge. Die Lunge erfüllt hier die Funktion eines Deckels, der das Kondenswasser, die hochkommenden Substanzen, sammelt und verteilt. Die Lunge bringt einerseits die Substanzen über das Geflecht der Meridiane an die Hautoberfläche und in weiterer Folge zu allen Organen, andererseits transportiert sie übriggebliebene Energie mit ihrer absteigenden Fähigkeit wieder nach unten und liefert so Brennstoff für das Feuer (füllt das nachgeburtliche Qi auf). Das ist der Kreislauf des Dreifachen Erwärmers!

FEHLFUNKTIONEN DES DREIFACHEN ERWÄRMERS

Fehlfunktion und Unterfunktion können unterschiedlichen Ursprungs sein. Hauptursache ist jedoch eine Fehlfunktion des Mittleren Erwärmers. Es gibt dafür zwei wichtige Gründe: psychische Anspannung, die das freie Fließen der Energie blockiert und die harmonische Umverteilung stört, und falsche Ernährung.

Durch die Verwendung von zuviel THERMISCH KALTEN NAHRUNGSMITTELN wird die Mitte stark abgekühlt, und der Körper hat nicht genug Energie, um sich gegen diese Kälte zu wehren. Es kommt zum Stillstand des Transformationsprozesses und zur Stagnation von Qi und Flüssigkeiten. Die Folge sind Ödeme, Völlegefühl, Übergewicht usw. Erinnern sie sich an das Bild vom Dreifachen Erwärmer? Wenn wir immer wieder Kaltes in unsere "Suppe" werfen, wird diese nie heiß! Folglich gibt es auch keinen Ver-

dampfungsprozeß nach oben. Das Ganze findet bereits in der Mitte, sozusagen am Anfang, sein Ende!

Besonders SÜDFRÜCHTE, WEISSER ZUCKER UND SAUER VERGORENE MILCHPRODUKTE kühlen die Organe des Mittleren Erwärmers stark ab. Zudem verschleimen Milchprodukte unseren Körper und seine Energiekanäle. In unseren Breitengraden enthält die tägliche Ernährung leider viel zu viele Milchprodukte. Es beginnt schon morgens mit Kakao, Milchkaffee, Haferflocken mit Quark oder Milch und Frischkäsebrot mit Marmelade, vormittags ist es dann ein Joghurt, mittags ein mit Käse überbackener Auflauf oder Pasta mit Sahnesauce und Streukäse, und abends gibt es noch rasch ein paar Käsebrote. All diese MILCHPRODUKTE befeuchten den Körper sehr stark und kühlen ihn ab. Es braucht eine sehr starke Mitte, um das auf Dauer alles zu verdauen! Gleiches trifft für die ach so gesunde Rohkost zu! Alles Rohe braucht mehr Energie als Gekochtes, um verdaut zu werden. Oft braucht es mehr Energie, ein rohes Nahrungsmittel zu verdauen, als dieses von sich aus in den Körper einbringt. Diese Minusbilanz kann man vermeiden, wenn man dem Organismus mehr Gekochtes zuführt. Gekochte Nahrungsmittel sind leichter verwertbar, und sie bringen zusätzliche Energie, die durch den Kochprozeß in die Nahrung gelangt. So bleibt unsere Energiebilanz auf jeden Fall im Plus. Wichtig ist zu wissen, daß wir nicht generell auf Milchprodukte und Rohkost verzichten müssen. Es ist wie immer nur eine Frage der Menge, des Maßhaltens. Kleinkinder können Milch gut verdauen, da ihr Körper das so vorsieht. Der Organismus des Erwachsenen produziert jedoch kein Labferment mehr, welches zur Verdauung von Milch benötigt wird. Daher ist die Milch dann schwerer verdaulich und wird für den Körper zur Belastung. Bei hohem Milch- und Fleischkonsum kommt es zu vermehrter Ablagerung von toxischen Stoffen im Organismus.

Zu denken sollte uns auch die Tatsache geben, daß der Mensch das einzige "Säugetier" ist, welches nach Beendigung des Kindesalters noch Milch zu sich nimmt. Sie scheint also nicht unbedingt lebensnotwendig zu sein! Die zeitliche Begrenzung der Labferment-Produktion sollte klar und deutlich genug sein, daß die Natur einen späteren Milchkonsum eigentlich nicht vorsieht! Von der thermischen Wirkung her empfiehlt sich, Kleinkinder eher mit thermisch neutralen Frischmilchspeisen zu ernähren und bei Sauer-Vergorenem wie Joghurt, Quark usw. Zurückhaltung zu üben, weil es abkühlt.

Im Kindesalter ist der Dreifache Erwärmer noch nicht voll ausgebildet. Besonders der Mittlere Erwärmer ist noch sehr schwach. Viele Kinder reagieren deshalb auch im Sommer mit Unwohlsein und Krankheit, wenn sie zuviel Kälte bekommen, sei es nun durch äußere Ursachen wie zu langes Planschen im kalten Wasser oder innere Ursachen wie z. B. zuviel Früchte, kalte Getränke oder Eiscreme.

Eine Schwäche des Mittleren Erwärmers zeigt sich auch im starken Verlangen nach Süßem. Dieses Verlangen sollte mit "gesundem Süßem" in Form von süßen Äpfeln, Getreidebrei, Honig, Malz, Malzextrakt, Trockenfrüchten und süßem Gemüse gestillt werden. Schlecht und nicht zu empfehlen sind Süßigkeiten aus raffiniertem Zucker (Einfachzucker) wie z. B. Schokolade und thermisch kalte Nahrungsmittel wie Quark, Sauermilch und Joghurt, besonders auch in Kombination mit Südfrüchten wie Bananen. Eine solche Ernährung mag zwar sehr zeitsparend sein, führt aber oft zu Erkrankungen wie Allergien, Asthma, permanenter Schleim- und Erkältungsproblematik, weil die produzierte Feuchtigkeit nicht mehr ausgeschieden werden kann.

Erwachsene sind gut beraten, Milchprodukte generell zu reduzieren, um einer starken Verschleimung vorzubeugen. In Verbindung mit anderen Faktoren wie z. B. Hitze kann dieser Schleim unterschiedlichste Krankheitsbilder auslösen wie Arteriosklerose, Herzinfarkt oder Geschwüre. Aber verstehen Sie bitte das ganze nicht falsch! Es gibt Kulturen mit Milchproduktverzehr wie der unseren und solche ohne Milchprodukteverzehr wie China. Wir sind bis zu einem gewissen Grad an diese Lebensmittel gewöhnt. Hin und wieder ein Stück Käse oder ein Joghurt – dagegen ist nichts einzuwenden. Aber jeden Tag - das ist meist zuviel. Außerdem sollte man beachten, zu welchem Typ man gehört (Hitze- oder Kälte-Typ, Feuchtigkeit im Körper, Übergewicht usw.) und in welchem bioklimatischen Umfeld man sich gerade befindet. Wie schon erwähnt, sind erfrischende Nahrungsmittel in der heißen Jahreszeit eher zu empfehlen als im Winter.

Bezüglich ROHKOST ist zu sagen, daß auch sie auf den Typ abgestimmt und saisongerecht verwendet werden sollte. Menschen mit hohem Blutdruck und Hitzesymptomatik vertragen mehr als Kältetypen.

In einer normalen Mahlzeit sollte thermisch Kaltes wie Rohkost (Salat) auch nicht am Anfang stehen, da es das Magen-Qi abkühlt, welches ja zur Verdauung benötigt wird. Besser ist, mit einer heißen Suppe zu starten und den Salat erst danach oder zum Hauptgang zu essen.

Auch TIEFKÜHLKOST belastet die Mitte, da sie im Grunde genommen keine lebendige Nahrung mehr ist, sind doch durch den Gefrierprozeß die Zellen zerstört worden. Tiefkühlkost wird vom Körper eher als Ballast empfunden, der viel Energie braucht, um transportiert zu werden. Der natürliche Zerfallprozeß des Nahrungsmittels ist durch die vorzeitige Zerstörung der Zellwände bereits verlorengegangen. Daher gilt auch in diesem Fall die Empfehlung: Zurück zum Naturprodukt!

GUT FÜR DEN DREIFACHEN ERWÄRMER

Mit einfachen Mitteln können wir das empfindliche System des "Dreifachen Erwärmers" am Laufen halten.

— gekochte statt rohe Nahrung: wir verwenden Rohkost in geringen Mengen, stattdessen mehr Gekochtes in Form von Gemüse und Getreide.

— Milchprodukte: generell reduzieren.

— thermisch Heißes und Kaltes: nur in geringen Mengen verwenden, dafür mehr erwärmende, neutrale und erfrischende Nahrungsmittel.

— Getränke: während des Essens nicht zuviel trinken, um die Verdauungssäfte nicht zu stark zu verdünnen. Auch viel Flüssigkeit verlangsamt den Verdauungsprozeß und belastet den Körper längerfristig mehr als notwendig. Die Getränke sollten nicht zu kalt sein - also nicht direkt aus dem Kühlschrank kommen; Zimmertemperatur, warm oder heiß sind ideal.

— entspannte Atmosphäre: Die Mahlzeiten sollten in einem entspannten Zustand eingenommen werden, um den Fluß des Qi nicht zu stören. Zeitdruck, psychische Anspannung wie z. B. Streß, Ärger oder Frust sind negativ. Menschen mit vielen geschäftlichen Verpflichtungen sollten versuchen, alles Geschäftliche vor dem Essen zu erledigen, damit Unstimmigkeiten während des Essens nicht "auf den Magen schlagen" oder uns "den Appetit verderben".

— Zeitpunkt: Den Tag mit einem guten Frühstück beginnen! Gerade dem Frühstück mißt die chinesische Ernährungslehre eine große Bedeutung zu, da zwischen 7 und 11 Uhr die Organe der Mitte (Milz, Magen) am meisten Energie haben und so die Nahrung am besten verwerten können. Ein altes Sprichwort sagt: "Am Morgen essen wie ein Kaiser, am Mittag wie ein Edelmann, am Abend wie ein Bettler". Da ist viel Wahres dran! Gerade abends sollte nicht zu spät gegessen werden, da sich der Körper bereits wieder auf die Nachtruhe vorbereitet.

Wenn wir diese Ratschläge befolgen, wird der Dreifache Erwärmer bestens funktionieren, und der Organismus bekommt, was er benötigt. Alle Organe sind in den harmonischen Fluß von Qi und Säften eingebunden. Ein Nichtfunktionieren führt zu Ungleichgewicht im Körper, was die unterschiedlichsten Symptome zur Folge haben kann. Daher sollten wir uns der großen Bedeutung bewußt sein, die dieser empfindliche Funktionskreis in sich birgt. Gerade der "Mittlere Erwärmer" hat eine Schlüsselfunktion, da er den "Oberen Erwärmer" und den "Unteren Erwärmer" miteinander verbindet. Die Mitte ist sozusagen der Motor des Systems. Wenn er nicht funktioniert, dann funktioniert gar nichts mehr! "Solange die Mitte funktioniert, ist jede Krankheit heilbar", sagen alte chinesische Schriften. Und das stimmt auch. Über die Organe der Mitte haben wir Zugang zum ganzen Körper. Hier können wir den Körper stärken, ihn beeinflussen. Was nützt uns die gesündeste Ernährung oder die teuerste Kräuterrezeptur, wenn der Körper sie nicht aufnehmen kann. Gar nichts. Daher gilt es wirklich, dieses System am Laufen zu halten. Auch die Tatsache, daß bei Mißfunktion die nachgeburtliche Energie (aus Ernährung und Atmung gewonnen) nicht in die Nieren eingelagert werden kann und sich unsere vorgeburtliche Energie frühzeitig erschöpft, sollte Ansporn sein, auf unseren Körper zu achten. Wenn die Körperfunktionen harmonisch sind, fühlen wir uns gesund und wohl, wir sind "in unserer Mitte".

KOCHEN MIT DEN FÜNF WANDLUNGSPHASEN

Die Grundidee des Kochens nach den Fünf Elementen ist, alle Elemente in einer Mahlzeit zu vereinen. Nachdem die Elemente durch die verschiedenen Geschmäcker angesprochen werden, bedeutet dies, daß alle 5 Geschmäcker, im Essen vorhanden sein sollten. Dadurch wird das Essen "rund" – es wird harmonisch und wohlschmeckend und stellt uns vollkommen zufrieden. Kein Geschmack soll überwiegen – es sollte eine ausgeglichene Mischung entstehen; eine durch und durch harmonische Komposition auf unserem Teller!

Die höchste Stufe der taoistischen Kochkunst ist das "Kochen im Zyklus der Fünf Elemente". Die Speisen werden bei der Zubereitung in der Reihenfolge des sogenannten "Fütterungs-Zyklus" (siehe dort) beigefügt. Diese Reihenfolge ist identisch mit der Energieversorgung der Organe. Das klingt vielleicht etwas kompliziert; ist es aber nicht!

Anhand der Lebensmittelliste können alle Zutaten den einzelnen Elementen zugeordnet und die Speisen in der richtigen Reihenfolge zubereitet werden. Anfangs wird es hilfreich sein, sich an die Rezepte in diesem Buch zu halten. Später kann man seine bewährten Rezepte einfach in der richtigen Reihenfolge kochen. Sie werden sehen, man gewöhnt sich sehr schnell daran. Sollte dann beim einen oder anderen Rezept irgendein Element fehlen – keine Sorge: mit etwas Kreativität kann man dies problemlos ergänzen.

■ Anfangs ist es praktisch, wenn man alle Gewürze mit einem bunten Punkt (Farbe des Elementes) versieht. So muß man nicht immer in der Liste nachschauen.

■ Es sollte versucht werden, mindestens 1mal im Zyklus herumzugehen! Je öfter man es schafft, um so energetischer wird die Speise. Ausnahme: Ausgenommen sind Nahrungsmittel, die von sich aus einen sehr harmonischen Geschmack haben, z. B. viele Getreidesorten und die Gemüse des Erd-Elements. Man sollte sie nicht unbedingt in einen Zyklus zwingen. Oft genügt es, sie zu kochen und zur Vollendung eine Prise Salz oder etwas Butter zuzufügen.

SO STARTEN WIR

Es spielt keine Rolle, in welchem Element wir beginnen. Es bieten sich folgende Möglichkeiten an:

■ kaltes Wasser = WASSER-Element

■ heißes Wasser = FEUER-Element

■ heißes Fett = ERD-Element

■ Die Menge, die pro Element jeweils zugegeben wird, ist unwichtig! Es können 1 Kilogramm Möhren/Karotten (ERD-Element) sein, ein paar Körnchen Salz (WASSER-Element) oder einige Tropfen Zitronensaft (HOLZ-Element).

■ Gewürze aus dem gleichen Element können ohne weiteres gleichzeitig hinzugefügt werden. Man kann sie aber auch erst in einer weiteren Zyklusrunde verwenden.

■ Kein Element darf übersprungen werden, und man sollte auch nicht rückwärts gehen! Hat man ein Gewürz vergessen oder will zum Schluß noch nachwürzen, dann ist der Kreislauf bis zum gewünschten Element wieder zu schließen.

■ Achtung! Manche Nahrungsmittel verändern durch den Kochvorgang ihren Geschmack und wechseln damit auch das Element! Hauptsächlich betrifft das in unserer Küche die Äpfel und Zwiebeln. Süße Äpfel (ERD-Element) werden beim Kochen sauer (HOLZ-Element), und scharfe Zwiebeln (METALL-Element) werden beim Anschwitzen/Dünsten und Anbraten eher süß (ERD-Element). Daher muß beispielsweise nach dem Anbraten der Zwiebeln nochmals etwas Scharfes wie z. B. Pfeffer in den Topf.

■ Der Geschmack, der als letztes der Speise zugefügt wird, bestimmt das Element, welches den größten Energieanteil in der Speise bekommt. Will man z. B. die Mitte (ERD-Element) stärken, dann gibt man zum Schluß noch etwas Süßes oder Fettes ins Essen.

■ Zwischen den einzelnen Elementen sollte man sich etwa 1 bis 2 Minuten Zeit lassen und einige Male gut rühren, damit sich die Energie gut verteilen kann.

PRAXIS

Apfelkuchenteig

(Seite 122)

1. Zuordnung der Elemente und Erstellen der richtigen Reihenfolge

H	Dinkelmehl	1
F	Kakao	2
E	Freilandeier	3
E	weiche Butter	4
E	Vanillepulver	5
M	Ingwer	6
W	Wasser, evtl. Prise Salz	7/8
H	Vollmilchquark	9

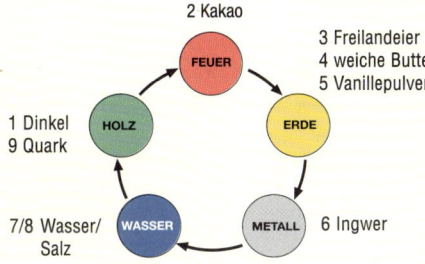

2. Mischen der einzelnen Zutaten

- Jedes Element unter mehrmaligem Rühren mit dem Kochlöffel (einen Kreis ziehen) dazugeben. Nach jedem Element 1 bis 2 Minuten warten.

- Lebensmittel des gleichen Elements, in unserem Beispiel Eier, Butter und Vanillepulver, dürfen - müssen aber nicht - gleichzeitig beigefügt werden.

- In diesem Beispiel wird der Zyklus einmal durchschritten, und der Kreislauf schließt sich. Durch den Apfelbelag (siehe Rezept) wird der Zyklus sogar zweimal durchschritten. Alle Elemente wurden angesprochen - eine rundum harmonische Mischung.

- Wichtig: Wenn in einem Rezept der Zyklus mehr als einmal durchschritten wird, muß der Kreis nicht unbedingt geschlossen werden. Man beginnt z. B. Bei **H** und hört bei **M** auf (Beispiel: Brombeerkaltschale, Seite122).

THERMISCHE WIRKUNG

Die Zuordnung der Nahrungsmittel auf der Nahrungsmittelliste bezieht sich auf die thermische Wirkung im Rohzustand. Durch die unterschiedlichen Zubereitungsmöglichkeiten können wir in unserer "Hexenküche" die thermische Wirkung verändern. So können wir beispielsweise bei inneren Kältezuständen und äußerer Kälte (Winter) trotzdem erfrischende Nahrungsmittel verwenden, wenn wir eine erwärmende (yangisierende) Kochmethode anwenden.

YANGISIEREN

Darunter versteht man Zubereitungsarten, bei denen die yangige Wirkung von Nahrungsmitteln verstärkt wird oder thermisch kühlere Lebensmittel ausgeglichen werden:

- Scharfes Anbraten und Grillen; bei Fleisch können die verbrannten Eiweißteile auf die Dauer gesundheitsschädigend sein. Daher sollte es eher eine Ausnahme sein.

- Bei langsamem Anbraten in hochwertigem Öl kann z. B. die erfrischende Wirkung von Gemüse thermisch verändert werden, so daß dieses Gemüse nicht mehr so kalt ist. So hat eine geschmorte Tomate eine andere thermische Wirkung als eine rohe!

- Lange Kochzeiten und das Backen im Ofen bringen ebenfalls viel Yang in die Speisen, was wir besonders in der kälteren Jahreszeit zu schätzen wissen. Gekochte Suppen aus erfrischendem Gemüse können das ganze Jahr Saison haben, da sie thermisch gesehen in der Mitte sind.

- Kochen im Dampfkochtopf

- Kochen mit Alkohol

- Verwendung scharf-heißer Gewürze; scharfe Gewürzen sollten nicht ständig verwendet werden, da sie den Körper zu stark erhitzen können. Außerdem sollte dann auch immer ein gewisser Anteil erfrischender Beilagen (z. B. Sprossen, knackiger Salat oder frische Früchte) für den Ausgleich der Speise sorgen. Eine thermisch kalte Tomate kann in einem Salat mit Basilikum, Zwiebeln und Balsamico-Essig ausgeglichen werden. Ein thermisch heißes Chili con carne wird ausgeglichen durch einen Klecks saure Sahne/Sauerrahm, Joghurt oder einen knackigen Salat.

YINISIEREN

Das sind die Zubereitungsarten, die heiße und erwärmende Nahrungsmittel "in die Mitte" bringen und damit ausgleichen beziehungsweise die erfrischende Wirkung von Nahrungsmitteln verstärken:

- Dünsten

- Kochen in viel Wasser

- Blanchieren

- Verwendung thermisch kühler Zutaten wie Algen, Sprossen, frische Früchte und sauer vergorene Milchprodukte.

Yinisierende Verfahren können verstärkt in der heißen Jahreszeit eingesetzt werden, um den Körper zu erfrischen, aber auch als Ausgleich bei thermisch heißen Speisen. Bei der Verwendung von frischem Obst oder Sprossen (z. B. Kresse) genügt es, diese Zutaten erst kurz vor dem Servieren über der Speise zu verteilen; sie müssen nicht mitgekocht werden.

BIOKLIMATISCHER EINFLUSS

Wie schon erwähnt, ist beim Kochen auch der bioklimatische Einfluß zu berücksichtigen. Die heiße Jahreszeit ist die Zeit der yinisierenden Kochmethoden. Der Anteil erfrischender Nahrungsmittel darf überwiegen. Scharfe Gewürze sollten in den Hintergrund treten. Der Großteil der Speisen wird nach wie vor gegart, damit der Organismus sie leicht aufnehmen kann. Der Speiseplan wird jedoch mit Früchten und Salaten ergänzt. Sehr erfrischend sind im Sommer Kompotte und Grütze (Fruchtpüree), die zwar gekocht, aber in kühlem Zustand gegessen werden.

Der Winter ist die Zeit der yangisierenden Kochmethoden. Sie sollen den Körper erwärmen und ihm die notwendige Widerstandskraft gegen die draußen herrschende Kälte geben. Rohes sollte nur noch in kleinen Mengen auf dem Teller liegen – vielleicht eher als Garnitur.

DIE NAHRUNGSMITTEL

Saisonale Angebote sind zu nutzen und der Speisezettel entsprechend zu gestalten. Heutzutage ist es leider nicht mehr ganz einfach herauszufinden, was wann Saison hat, da viele Frischprodukte das ganze Jahr angeboten werden. Trotzdem sollte man versuchen, saisongerecht zu kochen und zu essen. Oft hilft es, auf den Gemüsemarkt oder direkt zum Gemüsebauern zu gehen und das Angebot zu prüfen. Wer das ganze Jahr über immer alles konsumiert, verliert leicht die Lust am Essen und bringt sich um die Freude über die aromatischen frischen Gemüse des Frühlings und den verführerischen Geschmack der ersten einheimischen Erdbeeren.

DIE QUALITÄT
DER NAHRUNGSMITTEL

- Getreide aus biologischem Anbau

- Gemüse aus biologischem Anbau: je frischer desto besser, da es dann am meisten Qi besitzt. Lange Lagerzeiten sind zu vermeiden. Von genmanipuliertem und bestrahltem Gemüse ist dringend abzuraten. Möglichst kein Tiefkühl- und Konservengemüse.

- Beim Fleisch auf artgerechte Tierhaltung achten! Lieber weniger und dafür hochwertiges Fleisch. Lieber frisches Fleisch als tiefgekühltes!

- Keine bestrahlten oder gefriergetrockneten Gewürze verwenden.

- Trockenfrüchten aus biologischer Produktion den Vorzug geben. Darauf achten, daß die Früchte nicht geschwefelt sind (geschwefelte Aprikosen haben eine schöne helle Farbe, ungeschwefelte sind eher braun und unansehnlich, aber wesentlich gesünder).

- Möglichst naturbelassene Milchprodukte, frei von künstlichen Aromen und Vitaminen, Farbstoffen, Bindemitteln, Konservierungsmitteln und Antioxidantien. Diese Zusatzstoffe finden sich heutzutage leider in vielen Joghurt-, Quark- und Käsesorten, ebenso in gewissen Sahneprodukten und allen Light-Produkten.

- Chemisch veränderte Lebensmittel meiden!

- Süßmittel: Vollrohrzucker, Ahornirup, Honig und Gerstenmalz.

SAISONKALENDER

	Jan.	Feb.	März	April	Mai	Juni	Juli	Aug.	Sept.	Okt.	Nov.	Dez.
Aubergine	.							X	X			
Blumenkohl	.							X	X			
Bohnen, grüne							X	X	X			
Brokkoli								X	X	X		
Brüsseler Endivie/weißer Chicorée	X	X	X	X						X	X	X
Chinakohl									X	X	X	
Erbse/Knackerbse/Zuckerschote/Kefe						X	X	X				
Feldsalat/Nüßlisalat	X	X	X						X	X	X	X
Fenchel	.							X	X	X		
Gurke						X	X	X	X			
Kartoffel	X	X	X	X	X	X	X	X	X	X	X	X
Kastanie	X	X							X	X	X	X
Knollensellerie	X	X	X	X				X	X	X	X	X
Kohl/Kabis, Wirsing/Wirz	X	X	X	X	X	X	X	X	X	X	X	X
Kohlrabi	X				X	X	X	X	X	X		X
Kürbis	X	X						X	X	X	X	X
Lattich					X	X	X	X	X	X		
Lauch/Porree	X	X	X	X				X	X	X	X	X
Mangold (Rippen-)/Krautstiel						X	X	X	X	X		
Möhre/Karotte	.	X	X	X	X	X	X	X	X	X	X	X
Paprika (Gemüse-)/Peperoni							X	X	X	X		
Pastinake	X	X	X							X	X	X
Rettich/Radieschen				X	X	X	X	X	X	X		
Rosenkohl	X	X								X	X	X
Rote Bete/Rande	X	X						X	X	X	X	X
Schwarzwurzel	X	X	X							X	X	X
Spargel				X	X	X						
Spinat			X	X	X				X	X	X	
Staudensellerie/Stangensellerie								X	X	X	X	
Tomate							X	X	X	X		
Zucchino						X	X	X	X			
Zuckermais								X	X	X		
Apfel	X	X	X	X				X	X	X	X	X
Aprikose	.						X	X	X			
Birne	X	X						X	X	X	X	X
Brombeere							X	X	X			
Erdbeere						X	X					
Heidelbeere							X	X	X			
Himbeere							X	X	X			
Johannisbeere							X	X				
Kirsche						X	X					
Pfirsich/Nektarine							X	X	X			
Pflaume/Zwetschge								X	X	X		
Quitte										X	X	
Stachelbeere							X	X				
Weintrauben									X	X	X	
Zuckermelone	.							X	X			

SUPPEN-SALATE
VORSPEISEN

木 火 土 金 水

Rote Linsensuppe

- **F** heißer Topf
- **E** 2 EL Butterschmalz/Bratbutter oder Sesamöl
- **F** 1 TL Kurkuma/Gelbwurz
- **E** 1 kleine Zwiebel, fein gehackt
- **M** 1 Prise Kreuzkümmel
- **W** 250 g rote Linsen
- **W** 1,2–1,5 l Wasser
- **W** Kräutermeersalz
- **H** 1 TL Hefeflocken
- **F** 1/2 TL Rosenpaprikapulver
- **E** 1 Prise Zimtpulver
- **E** 200 g Möhren/Karotten, gewürfelt
- **M** 1 Prise Ingwerpulver
- **M** 1 Prise Kardamom
- **W** Kräutermeersalz
- **W** evtl. wenig Wasser
- **H** 1 EL Petersilie, fein gehackt

Butterschmalz im heißen Topf erhitzen. Kurkuma und Zwiebeln in der Butter anschwitzen. Zuerst den Kreuzkümmel, dann die Linsen dazugeben. Mit dem Wasser ablöschen. Aufkochen. Würzen mit Kräutersalz, Hefeflocken, Rosenpaprika und Zimt. Möhren, Ingwer und Kardamom zu den Linsen geben. Aufkochen und auf kleinem Feuer zugedeckt 20 Minuten köcheln lassen. Je nach Konsistenz mit wenig Wasser verdünnen. Mit der Petersilie bestreuen.

Wirkung: erwärmend – tonisiert Qi der Niere und Milz – leitet Feuchtigkeit aus

Indische Erbsensuppe

- **E** 1 EL Butterschmalz/Bratbutter oder Sesamöl
- **E** 200 g frische grüne Erbsen
- **E** 2 TL Pfeilwurzelmehl
- **E** 50 g geriebene Mandeln
- **M** 1/2 TL milder Curry
- **M** wenig scharfer Curry
- **W** 1/2 l schwache Gemüsebrühe/-bouillon oder Wasser
- **W** Meersalz
- **H** 1 EL Petersilie, fein gehackt
- **F** 1 Prise Paprikapulver
- **E** 100 g/1 dl Schlagsahne/Rahm
- **M** 1 EL Whisky, nach Belieben
- **M** einige frische Pfefferminzblättchen, für die Garnitur

Die Erbsen im heißen Butterschmalz kurz anschwitzen. Pfeilwurzelmehl, Mandeln und Curry darunterrühren. Mit der kalten Gemüsebrühe oder dem Wasser ablöschen. Aufkochen und auf kleinem Feuer 8 bis 10 Minuten köcheln lassen. Die Suppe im Mixerglas oder mit dem Stabmixer pürieren. Suppe aufkochen und würzen. Petersilie, Paprika und $2/3$ der geschlagenen Sahne darunterziehen. Abschmecken mit Whisky. • Suppe anrichten. Mit der restlichen Sahne und einigen Pfefferminzblättchen garnieren.

Wirkung: erwärmend – leitet Feuchtigkeit aus – befeuchtet leicht

Abbildung

Hühnerkraftbrühe

- **F** 3 l kochendes Wasser
- **F** 1 EL getrockneter Thymian
- **E** 1 Stück Knollensellerie, zerkleinert
- **E** 1 Handvoll getrocknete Lotuswurzeln (Reformhaus/Bioladen)
- **M** 1 Lauch/Porree, zerkleinert
- **M** 1 Knoblauchzehe
- **M** 1 Zwiebel
- **W** Meersalz
- **H** ½ Suppenhuhn

Alle Zutaten in das kochende Wasser geben. Brühe auf kleinem Feuer mindestens 4 bis 5 Stunden köcheln lassen. • Brühe abseihen.

Wirkung: erwärmend – stärkt die Mitte – stärkt das Yin der Nieren – baut Blut auf – baut Qi auf

zu empfehlen: bei allgemeinen Schwächezuständen, nach Krankheit oder nach der Geburt

Wichtig: Elemente beim Kochvorgang nie mischen. Nach jedem Element mindestens einmal im Kreis, besser aber mehrere Male rühren. 1 bis 2 Minuten warten, dann weiterfahren. Siehe auch Seiten 45 bis 48.

Grünkernsuppe

- **F** heißer Kochtopf
- **E** 1 EL Butterschmalz/Bratbutter oder Sesamöl
- **E** 1 Zwiebel, fein gehackt
- **M** 100 g Lauch/Porree, fein geschnitten
- **W** 1,2 l Einweichwasser
- **H** 150 g Grünkernkörner
- **H** 80 g Grünkernmehl
- **F** Rosenpaprikapulver
- **E** 100 g/1 dl Schlagsahne/Rahm
- **M** Muskatnuß
- **W** Meersalz
- **H** 1 Sträußchen Petersilie, fein gehackt

Grünkernkörner im kalten Wasser über Nacht einweichen. • Butter im heißen Topf erhitzen. Zwiebeln und Lauch darin anschwitzen. Mit dem Einweichwasser ablöschen, eingeweichte Körner dazugeben. Auf kleinem Feuer zirka 45 Minuten köcheln lassen, bis der Grünkern sehr weich ist. • Grünkernmehl unter Rühren zur Suppe geben. So lange köcheln lassen, bis die Suppe bindet. Mit Paprika würzen. Die Sahne darunterrühren, abermals erhitzen. Mit Muskat, Salz und Petersilie abschmecken.

Wirkung: erfrischt die Säfte der Leber – tonisiert das Blut – harmonisiert die Mitte – löst Stagnationen

Rote-Bete-Suppe

- **E** 1 EL Olivenöl
- **E** 1 Zwiebel, fein gehackt
- **F** 2 rohe rote Beten/Randen, geschält und gewürfelt
- **M** Pfeffer aus der Mühle
- **M** 1 Lorbeerblatt
- **W** 800 ml/8 dl Wasser
- **W** Meersalz
- **H** 1 EL Apfelessig
- **F** 1 Prise Thymianpulver
- **E** 100 g/1 dl Schlagsahne/Rahm
- **M** wenig frisch geriebener Meerrettich
- **W** Meersalz
- **H** 2 EL Crème fraîche
- **H** 1 Sträußchen Petersilie, gehackt

Die gehackten Zwiebeln im heißen Öl anschwitzen. Die roten Beten dazugeben und mitanschwitzen. Mit Pfeffer würzen. Lorbeerblatt beigeben. Mit dem Wasser oder der Gemüsebrühe ablöschen. Salzen. Suppe aufkochen und zugedeckt auf kleinem Feuer mindestens 30 Minuten köcheln lassen, bis die roten Beten weich sind. • Die Suppe pürieren. Essig, Thymian und Sahne dazugeben und abermals aufkochen. Abschmecken mit Salz. • Suppe in vorgewärmten Tellern anrichten. Mit wenig Crème fraîche und der Petersilie garnieren.

Wirkung: erwärmend – tonisiert das Qi der Mitte – harmonisierend – löst Blutstagnationen – baut Qi auf – baut Blut und Säfte auf

Champignonsuppe mit Thymian

- **F** heißer Kochtopf
- **E** 1 EL Olivenöl
- **E** 250 g Champignons, in Scheiben
- **E** 1 EL Pfeilwurzelmehl
- **E** ½ Zwiebel, fein gehackt
- **M** Pfeffer aus der Mühle
- **M** 1 Prise Muskatnuß
- **W** ¾ l Wasser
- **W** Meersalz
- **H** 50 ml/0,5 dl Weißwein
- **H** 1 EL Crème fraîche
- **F** Thymian, fein gehackt

Olivenöl im heißen Topf erhitzen. Die Pilze darin anschwitzen. Mit dem Pfeilwurzelmehl bestäuben. Zwiebeln dazugeben. Mit Pfeffer und Muskat würzen. Mit dem Wasser ablöschen. Salzen. Den Weißwein dazugeben. Aufkochen und auf kleinem Feuer 8 Minuten köcheln lassen. Mit Crème fraîche und Thymian abschmecken.

Wirkung: erfrischend – tonisiert die Säfte – leitet Feuchtigkeit aus

Tomatensalat mit Kräutern

- **H** 600 g sonnengereifte Tomaten, ohne Stielansatz, geviertelt
- **F** ½ TL frischer Thymian, fein gehackt
- **F** einige Rosmarinnadeln, gehackt

Marinade

- **E** 4 EL kaltgepreßtes Olivenöl extra vergine
- **M** 1 kleine Zwiebel, fein gehackt
- **M** 1 Bund Basilikum, fein geschnitten
- **W** 1 EL Sojasauce
- **W** Kräutermeersalz
- **H** wenig Petersilie, fein gehackt
- **H** 3 EL Balsamico-Essig oder Apfelessig

- **F** 150 g Feta, gewürfelt
- **F** einige schwarze Oliven
- **F** grüner Blattsalat, für die Garnitur
- **E** einige Pistazien

Thymian und Rosmarin über die Tomaten streuen. Mit der Marinade mischen. Feta und Oliven unter den Tomatensalat mischen. Auf dem Blattsalat anrichten. Mit den Pistazien garnieren.

Wirkung: erfrischend – tonisiert Säfte – erfrischt das Blut

Rote-Bete-Salat mit Meerrettich

- **F** 2 gekochte rote Beten/Randen, fein gehobelt
- **E** 2 EL kaltgepreßtes Sonnenblumenöl
- **M** ½ Zwiebel, in Scheiben
- **M** wenig frisch geriebener Meerrettich
- **M** 1 Prise Koriander
- **M** Pfeffer aus der Mühle
- **W** 1 EL Sojasauce, nach Belieben
- **W** wenig Kräutermeersalz
- **H** ½ Sträußchen Petersilie, fein gehackt
- **H** 1 EL milder Apfelessig
- **F** frischer Löwenzahn oder anderer grüner Blattsalat
- **F** Gänseblumen für die Garnitur

Sonnenblumenöl, Zwiebeln und Meerrettich unter die roten Beten mischen. Würzen mit Koriander, Pfeffer, Sojasauce, Kräutersalz, Petersilie und Apfelessig. • Rote-Bete-Salat auf dem Blattsalat anrichten. Mit Gänseblümchen garnieren.

Wirkung: erfrischend – baut Blut auf – löst Stagnationen

Abbildung

Marinierte Avocados mit Crevetten

für 4 Personen als Vorspeise
für 2 Personen als Hauptspeise

- **E** *2 reife Avocados*
- **E** *2 EL kaltgepreßtes Olivenöl extra vergine*
- **M** *Pfeffer aus der Mühle*
- **M** *1 Zwiebel, in feinen Scheiben*
- **M** *1 Prise Cayennepfeffer*
- **W** *Kräutermeersalz*
- **W** *150 g gekochte Crevetten*
- **H** *1 Sträußchen Petersilie, gehackt*
- **H** *2 EL Balsamico-Essig oder Apfelessig*
- **H** *wenig Zitronensaft*

Avocados schälen, halbieren und entsteinen. Die Fruchthälften in Spalten schneiden. • Avocados auf Tellern anrichten. Mit dem Olivenöl beträufeln und dem Pfeffer würzen. Zwiebelscheiben darauf verteilen. Mit Cayennepfeffer und Kräutersalz abschmecken. Crevetten darauf verteilen. Mit Petersilie, Essig und Zitronensaft abschmecken. 15 Minuten marinieren.

Wirkung: neutral – tonisiert Blut und Qi

Wichtig: Elemente beim Kochvorgang nie mischen. Nach jedem Element mindestens einmal im Kreis, besser aber mehrere Male rühren. 1 bis 2 Minuten warten, dann weiterfahren. Siehe auch Seiten 45 bis 48.

Lauchsalat mit Brüsseler Endivie und Räuchertofu

- **F** *wenig kochendes Wasser*
- **E** *einige Tropfen Sesamöl*
- **M** *1 Lauch/Porree, in Scheiben*
- **W** *Vollmeersalz*

- **H** *2 EL Honig- oder Apfelessig*
- **F** *2 Brüsseler Endivien/weißer Chicorée, in feinen Streifen*
- **F** *1 Prise Kurkuma/Gelbwurz*
- **F** *einige frische Thymianblättchen, gehackt*
- **E** *1 süßer Apfel, gewürfelt*
- **E** *2–3 EL kaltgepreßtes Haselnußöl*
- **M** *Pfeffer aus der Mühle*
- **M** *1 Prise milder Curry*
- **W** *1 EL Sojasauce*
- **H** *wenig Zitronensaft*
- **H** *wenig Petersilie, fein gehackt*
- **F** *150 g Räuchertofu (Reformhaus/ Bioladen), gewürfelt, leicht gebraten*

Dem kochenden Wasser das Sesamöl beigeben. Lauch und Salz beifügen und bißfest garen. Abgießen. • Den noch warmen Lauch mit den anderen Zutaten mischen.

Wirkung: leicht erwärmend – baut Säfte auf

Abbildung

Tofusalat

- **E** *250 g Tofu nature*
- **M** *Pfeffer aus der Mühle*
- **M** *2 EL Schnittlauch, fein geschnitten*
- **M** *etwas frisches Basilikum, fein geschnitten*
- **W** *2 EL Sojasauce*
- **W** *Kräutermeersalz*
- **H** *2 EL Apfelessig*
- **H** *etwas Petersilie, fein gehackt*
- **F** *1 TL frischer Thymian, fein gehackt*
- **E** *3 EL kaltgepreßtes Olivenöl extra vergine*

Tofu in möglichst dünne Scheiben schneiden und gefällig auf einem großen Teller anrichten. Pfeffer, Schnittlauch und Basilikum darüberstreuen. Mit der Sojasauce beträufeln. Mit dem Kräutersalz würzen. Apfelessig darübergießen. Petersilie, Thymian und Öl darüber verteilen. Mindestens 30 Minuten marinieren. • Wichtig: Wenn nachgewürzt wird, muß von jedem Element nochmals wenig genommen werden.

Wirkung: erfrischend

Gurkensalat

- **E** *2 Salatgurken samt Schale*
- **M** *einige Basilikumblätter, fein geschnitten*
- **M** *Pfeffer aus der Mühle*
- **W** *2 EL Sojasauce*
- **W** *wenig Kräutermeersalz*
- **H** *2 EL Balsamico-Essig*
- **F** *einige frische Rosmarinnadeln, fein gehackt*
- **F** *2 Bund Rauke/Rucola, fein geschnitten*
- **E** *2 rote Gemüsepaprika/Peperoni, gewürfelt*
- **E** *4 EL kaltgepreßtes Olivenöl extra vergine*
- **E** *gelbe Gemüsepaprika-/Peperonistreifen, für die Garnitur*

Die Gurken halbieren und schräg in Scheiben schneiden. • Gurkenscheiben und Basilikum mischen. Mit Pfeffer, Sojasauce, Kräutersalz, Essig und Rosmarinnadeln würzen. Fein geschnittene Rauke und roten Gemüsepaprika daruntermischen. Mit dem Olivenöl abschmecken. • Gurkensalat mit dem gelben Gemüsepaprika garnieren.

Wirkung: erfrischend – baut Säfte auf

zu meiden: bei innerer Kälte

Rettichsalat auf Kresse

- **M** *1 großer weißer oder schwarzer Rettich*
- **M** *1 Bund Radieschen, in Scheiben*
- **M** *1 Handvoll Brunnenkresse oder Kresse*
- **W** *Kräutermeersalz*
- **H** *2 EL Apfelessig*
- **H** *1 EL Petersilie, fein gehackt*
- **F** *1 Prise Rosenpaprikapulver*
- **E** *3 EL kaltgepreßtes Sonnenblumenöl*
- **E** *1 EL geröstete Haselnüsse, gehackt*
- **M** *Pfeffer aus der Mühle*
- **M** *4 Handvoll Kresse*

Den Rettich schälen und sehr fein hobeln. Mit den Radieschen und der Kresse mischen. Würzen mit Kräutersalz, Apfelessig, Petersilie, Paprika und Sonnenblumenöl und Haselnüsse daruntermischen. Abschmecken mit Pfeffer. • Auf der Kresse anrichten.

Wirkung: kühlend – kühlt das Blut – leitet Hitze aus

zu meiden bei: innerer Kälte – Qi-Mangel

Wichtig: Elemente beim Kochvorgang nie mischen. Nach jedem Element mindestens einmal im Kreis, besser aber mehrere Male rühren. 1 bis 2 Minuten warten, dann weiterfahren. Siehe auch Seiten 45 bis 48.

Möhren-Pastinaken-Salat

- **E** *250 g Möhren/Karotten, fein gerieben (Bircher-Reibe)*
- **E** *250 g Pastinaken, fein gerieben (Bircher-Reibe)*
- **E** *2 EL Cashewmus (Reformhaus/Bioladen)*
- **M** *1 Prise Koriander*
- **M** *1 Prise Kardamom*
- **M** *1 Prise Muskatnuß*
- **W** *1 Prise Meersalz*
- **H** *½ Sträußchen Petersilie, fein gehackt*
- **H** *1–2 EL Apfelessig*
- **F** *2 Brüsseler Endivien/ weißer Chicorée*
- **E** *1 kleiner Apfel, in Spalten*

Möhren und Pastinaken mit dem Cashewmus mischen. Mit Koriander, Kardamom, Muskat, Salz, Petersilie und Apfelessig würzen. • Brüsseler Endivie in die einzelnen Blätter zerlegen. • Möhren-Pastinaken-Salat in die Salatblätter füllen. Mit den Apfelspalten garnieren.

Wirkung: tonisiert Qi und Yin der Mitte – erfrischend – baut Säfte auf

Buchweizensalat

- **E** 250 g gemischtes Gemüse, Möhren/Karotten, Knollensellerie und Fenchel, in Streifen
- **F** 160 g Buchweizen
- **E** wenig Maiskeimöl
- **M** 1 Prise Kardamom
- **W** ca. 350 ml/3,5 dl Wasser
- **W** 1 Prise Meersalz
- **H** 2 EL Apfelessig
- **F** 1 Prise Paprikapulver
- **E** 4 EL kaltgepreßtes Sonnenblumenöl
- **M** 100 g Lauch/Porree, in feinen Scheiben
- **M** frisches Basilikum, fein geschnitten
- **W** Kräutermeersalz
- **H** 1 Sträußchen Petersilie, fein gehackt
- **F** Blattsalat der Saison

Das Gemüse im Dampf bißfest garen. Die Brühe für den Buchweizen zurückbehalten. • Buchweizen in einer heißen Pfanne kurz trocken rösten, bis er leicht duftet. Wenig Maiskeimöl und Kardamom darunterrühren. Mit dem Wasser und der Gemüsebrühe ablöschen. Das Salz dazugeben. Aufkochen und kurz köcheln lassen. Auf der ausgeschalteten Wärmequelle zugedeckt 30 Minuten ausquellen lassen. Mit Essig und Paprika abschmecken. • Gegartes Gemüse, Buchweizen und Sonnenblumenöl mischen. Den in wenig Öl gedünsteten Lauch unter den Buchweizen mischen. Mit den Gewürzen abschmecken. 15 Minuten ziehen lassen. • Auf dem Blattsalat anrichten.

Wirkung: harmonisierend – erfrischt die Säfte – baut Qi auf

Abbildung

Fenchel-Möhren-Rohkost mit Kerbel und Sprossen

- **E** 1 Fenchel, fein gehobelt
- **E** 200 g Möhren/Karotten, fein gehobelt
- **M** 1 Prise Koriander
- **M** ½ Bund Kerbel, fein geschnitten
- **W** 1 EL Sojasauce
- **H** 1½ EL Balsamico-Essig
- **H** 50 g Alfalfasprossen
- **F** 1 Prise Kurkuma/Gelbwurz
- **H** 1 EL Sonnenblumenkerne, geröstet
- **H** 3 EL kaltgepreßtes Sonnenblumen- oder Olivenöl

Alle Zutaten der Reihe nach gut mischen. Sofort servieren.

Wirkung: harmonisierend – stärkt die Mitte – baut Qi und Säfte auf

Herbstsalat mit Fenchel und roten Beten

- **F** 250 g gekochte rote Beten/Randen
- **E** 1 süßer Apfel
- **M** 1 Prise Koriander
- **M** 1 Prise Kreuzkümmel
- **M** 1 Prise Ingwerpulver
- **W** 1 Prise Meersalz
- **H** 2 EL milder Apfelessig
- **H** 1 EL Petersilie, fein gehackt
- **F** 1 Prise Rosenpaprikapulver
- **E** 250 g Fenchel, in feinen Scheiben oder gehobelt
- **E** 2 EL kaltgepreßtes Sonnenblumenöl

Rote Beten mit dem Gemüsehobel hobeln. Den Apfel mit der Bircher-Reibe dazureiben. Koriander, Kreuz-kümmel, Ingwer, Salz, Apfelessig, Petersilie und Rosenpaprika darun-terrühren. Den Fenchel daruntermi-schen. Mit dem Sonnenblumenöl abschmecken.

Wirkung: erfrischt – baut Säfte auf

Wichtig: Elemente beim Koch-vorgang nie mischen. Nach jedem Element mindestens einmal im Kreis, besser aber mehrere Male rühren. 1 bis 2 Minuten warten, dann weiterfahren. Siehe auch Seiten 45 bis 48.

Couscoussalat mit Feta und Oliven

- **F** 250 ml/2,5 dl kochendes Wasser
- **E** 120 g Couscous (Reformhaus)
- **E** 4 EL kaltgepreßtes Olivenöl extra vergine
- **E** je 1 gelber und roter Gemüse-paprika/Peperoni, klein gewürfelt
- **E** 100 g Salatgurke, klein gewürfelt
- **M** 1 kleine Zwiebel, fein gehackt
- **M** 1 Knoblauchzehe, durchgepreßt
- **M** ½ Bund frisches Basilikum, fein geschnitten
- **W** Kräutermeersalz
- **H** 2 Tomaten, Stielansatz entfernt, geviertelt
- **H** 1 Sträußchen Petersilie, fein gehackt
- **H** 3 EL Zitronensaft
- **F** 100 g Feta, gewürfelt

Couscous ins kochende Wasser streuen. Unter Rühren aufkochen, dann auf der ausgeschalteten Wärme-quelle zugedeckt 20 Minuten nach-quellen lassen. • Die übrigen Zutaten unter das ausgekühlte Getreide mischen.

Wirkung: erfrischend – baut Säfte auf – erfrischt das Herz

Lauwarmer Zucchinisalat mit Oliven

- **F** *heiße Pfanne*
- **E** *2 EL Olivenöl*
- **E** *600 g Zucchini, gewürfelt*
- **E** *1 EL Pinienkerne*
- **M** *frischer Majoran, fein gehackt*
- **M** *Pfeffer aus der Mühle*
- **W** *1½ EL Sojasauce*
- **M** *1 Msp abgeriebene Schale einer unbehandelten Zitrone*
- **W** *Kräutermeersalz*
- **H** *½ Sträußchen Petersilie, fein gehackt*
- **F** *10 schwarze Oliven*
- **F** *Radicchio/Cicorino rosso*

Olivenöl in der heißen Pfanne erwärmen. Zucchini darin anschwitzen. Etwas auskühlen lassen, restliche Zutaten daruntermischen. • Den noch lauwarmen Salat auf dem Radicchio anrichten.

Wirkung: erfrischend

Avocado-Tomaten-Salat mit Thymian

- **H** *4 Tomaten, Stielansatz entfernt, gewürfelt*
- **H** *3 EL Balsamico-Essig oder milder Honigessig*
- **F** *1 kleiner Rosmarinzweig, Nadeln abgestreift und fein gehackt*
- **F** *1 kleiner Thymianzweig, Blättchen abgestreift und fein gehackt*
- **E** *2 reife Avocados, halbiert und entsteint, Kugeln ausstechen*
- **E** *4 EL kaltgepreßtes Olivenöl extra vergine*
- **M** *1 Zwiebel, fein gehackt*
- **M** *1 Msp frisch geriebener Ingwer*
- **M** *Pfeffer aus der Mühle*
- **W** *Kräutermeersalz*
- **W** *1 EL Sojasauce*
- **H** *1 Sträußchen Petersilie, fein gehackt*

Sämtliche Zutaten der Reihe nach mischen.

Wirkung: erfrischend – befeuchtend

zu meiden: bei innerer Kälte

Gemüse-Antipasti

- **F** *heißer Topf*
- **E** *2 EL Sesamöl*
- **E** *1 kleiner Blumenkohl, in Röschen*
- **E** *2 kleine Zucchini, in Scheiben*
- **E** *1/2 roter Gemüsepaprika/Peperoni, in Streifen*
- **E** *1/2 gelber Gemüsepaprika/ Peperoni, in Streifen*
- **M** *1/2 Lauch/Porree, in Scheiben*
- **W** *200 ml/2 dl Wasser*
- **W** *Kräutermeersalz*
- **H** *2 EL milder Apfel- oder Honigessig*
- **F** *1 Prise Paprikapulver*
- **E** *2–3 EL kaltgepreßtes Olivenöl extra vergine*
- **E** *2 EL Pinienkerne, leicht geröstet*
- **M** *Pfeffer aus der Mühle*
- **M** *Knoblauch*
- **M** *1/2 Bund Basilikum, fein geschnitten*
- **W** *1 EL Sojasauce*
- **H** *1/2 Sträußchen Petersilie, fein gehackt*
- **F** *wenig Rauke/Rucola, nach Belieben*

Das Sesamöl im heißen Topf erwärmen. Blumenkohl, Zucchini und Gemüsepaprika im heißen Öl unter Rühren anbraten. Lauch dazugeben und kurz mit anbraten. Mit dem Wasser ablöschen und dem Kräutersalz würzen. Das Gemüse auf kleinem Feuer zugedeckt 7 bis 8 Minuten bißfest garen. Auskühlen lassen. • Das ausgekühlte Gemüse in einer Schüssel mit Essig, Paprika, Öl und Pinienkernen mischen. Mit Pfeffer, durchgepreßtem Knoblauch, Basilikum, Sojasauce und Petersilie würzen.

Wirkung: erfrischend – baut Säfte auf

Abbildung

Thunfischsalat Nizza

- **W** *250 g Thunfisch oder anderer eingelegter Fisch (Reformhaus)*
- **H** *1/2 Sträußchen Petersilie, fein gehackt*
- **F** *60 g grüner Blattsalat*
- **F** *10 schwarze Oliven*
- **E** *1 Möhre/Karotte, in zündholzdicken Stäbchen*

Marinade

- **E** *3–4 EL kaltgepreßtes Olivenöl extra vergine*
- **M** *Pfeffer aus der Mühle*
- **M** *1 Zwiebel, in feinen Scheiben*
- **M** *eine Handvoll Kresse*
- **W** *Kräutermeersalz*
- **H** *3 EL Balsamico-Essig*
- **F** *1 Prise Paprikapulver*

Fisch, Petersilie, Blattsalat, Oliven und Möhren mischen. Die Marinade darüberträufeln und gut mischen.

Wirkung: erfrischend – leitet Hitze aus – senkt Yang

Bunter Wintersalat

- **F** 200 g Rosenkohl, je nach Größe ganz, halbiert oder geviertelt
- **E** 200 g Möhren/Karotten, in feinen Stäbchen
- **M** 200 g Kohlrabi, in feinen Stäbchen
- **W** Meersalz
- **H** 1 Sträußchen Petersilie, fein gehackt
- **H** 3 EL Apfelessig
- **F** frischer Thymian, fein gehackt
- **E** 4 kaltgepreßtes Olivenöl extra vergine
- **M** Pfeffer aus der Mühle
- **M** 100 g Kresse

Rosenkohl, Möhren und Kohlrabi nach Garzeit gestaffelt im Dampf knackig garen. Mit Meersalz abschmecken und auskühlen lassen. • Petersilie, Essig, Thymian und Olivenöl daruntermischen. 10 Minuten ziehen lassen. Mit dem Pfeffer abschmecken und mit der Kresse garnieren.

> **Wirkung:** harmonisierend – leicht erfrischend – baut Säfte auf

Bohnensalat mit Dill

- **E** 400 g grüne Bohnen
- **E** 100 g Möhren/Karotten, klein gewürfelt
- **E** 2 EL kaltgepreßtes Haselnuß- oder Sonnenblumenöl
- **M** 1 Bund Dill, fein geschnitten
- **M** Pfeffer aus der Mühle
- **M** 1 Msp durchgepreßter Knoblauch
- **W** 1 EL Sojasauce
- **W** Kräutermeersalz
- **H** 1–2 EL milder Apfelessig
- **F** Radicchio/Cicorino rosso, für die Garnitur

Die Bohnen im Dampf bißfest garen. Die Möhren kurz vor Ende der Garzeit dazugeben und mitgaren. Abkühlen lassen. • Das Gemüse mit dem Öl mischen. Restliche Zutaten darunterrühren. Etwas durchziehen lassen. • Radicchio in die einzelnen Blätter zerlegen. • Gemüsesalat auf dem Blattsalat anrichten.

> **Wirkung:** neutral bis leicht erfrischend – tonisiert Qi und Milz sowie Nieren – entstaut die Leber

Wichtig: Elemente beim Kochvorgang nie mischen. Nach jedem Element mindestens einmal im Kreis, besser aber mehrere Male rühren. 1 bis 2 Minuten warten, dann weiterfahren. Siehe auch Seiten 45 bis 48.

HAUPTGERICHTE
SAUCEN

木 火 土 金 水

Zucchini-Bohnen-Reis

- **M** *250 g Rundkorn-Naturreis*
- **W** *½ l Wasser*
- **W** *Vollmeersalz*

- **E** *1 EL kaltgepreßtes Olivenöl*
- **E** *400 g zarte grüne Bohnen, in 3 cm langen Stücken*
- **E** *400 g Zucchini, gewürfelt*
- **E** *1 Zwiebel, fein gehackt*
- **M** *getrockneter Majoran*
- **M** *1 Prise Kreuzkümmel*
- **M** *1 Prise Curry*
- **W** *200–300 ml/2–3 dl Wasser*
- **W** *Kräutermeersalz*
- **H** *2–4 EL Crème fraîche oder saure Sahne/Sauerrahm, nach Belieben*
- **H** *2 EL Petersilie, fein gehackt*
- **F** *1 Bund Rauke/Rucola, fein gehackt*
- **F** *wenig frischer Thymian, fein gehackt*

Den Reis waschen und zusammen mit dem Wasser unter Rühren aufkochen. Auf kleinem Feuer zugedeckt 10 bis 15 Minuten köcheln lassen. Auf der ausgeschalteten Wärmequelle zugedeckt 30 Minuten ausquellen lassen. Mit Salz abschmecken. • Das Olivenöl erhitzen, die Bohnen darin anschwitzen. Zucchini dazugeben und mit anschwitzen. Zwiebeln, Majoran, Kreuzkümmel und Curry darunterrühren. Mit dem Wasser ablöschen, aufkochen und rund 10 Minuten auf kleinem Feuer köcheln lassen. Mit Kräutersalz würzen. Mit Crème fraîche, Petersilie, Rauke und

Thymian abschmecken. • Das Gemüse unter den Reis mischen und kurz erwärmen.

Abbildung

Pilzpuffer

- **E** *250 g Champignons, in feinen Scheiben*
- **E** *1 EL Pfeilwurzelmehl*
- **E** *2 Freilandeier*
- **E** *2 EL Schlagsahne/Rahm*
- **M** *Kreuzkümmel*
- **M** *Muskatnuß*
- **M** *getrockneter Koriander*
- **M** *Pfeffer aus der Mühle*
- **W** *Kräutermeersalz*
- **H** *1 EL Petersilie, fein gehackt*
- **F** *1 Prise Rosenpaprikapulver*
- **F** *heiße Bratpfanne*
- **E** *Sojaöl, zum Braten*

Alle Zutaten mischen. • Sojaöl in der heißen Bratpfanne erhitzen. • Für jeden Puffer einen Eßlöffel Pilzmasse in die Bratpfanne geben, wenig flachdrücken und langsam von beiden Seiten braten. • Serviervorschlag: Mit Salat, Getreide oder Kartoffeln.

Wirkung: erfrischend – neutral – leicht befeuchtend – wandelt Feuchtigkeit um – kühlt das Blut

Seitanstreifen mit Champignons

- **F** heiße Pfanne
- **E** 2 EL Butterschmalz/Bratbutter oder Sojaöl
- **E** 400 g Seitanstreifen/ -geschnetzeltes (Reformhaus)
- **E** 400 g Champignons, in Scheiben
- **E** 1½ EL Pfeilwurzelmehl
- **M** Pfeffer aus der Mühle
- **W** 300 ml/3 dl Wasser
- **H** 1 Sträußchen Petersilie, gehackt
- **F** 1 Prise Rosenpaprikapulver
- **F** wenig frischer Thymian, gehackt
- **E** 100 g/1 dl Schlagsahne/Rahm
- **M** Muskatnuß
- **W** Meersalz
- **H** Petersilie

Butter in der heißen Pfanne erhitzen. Die gut getrockneten Seitanstreifen in der heißen Butter scharf anbraten. Die Pilze dazugeben und mit anschwitzen. Mit dem Pfeilwurzelmehl und Pfeffer bestäuben. Mit dem Wasser ablöschen, aufkochen und im offenen Topf wenig einreduzieren. Mit Petersilie, Paprika und Thymian würzen. Sahne dazugeben, aufkochen und abermals einreduzieren. Abrunden mit Muskat und Meersalz. Petersilie darüberstreuen. • Tip: Mit Nudeln oder Dinkelspätzle (Seite 80), Salat und Gemüse.

Wirkung: erfrischend – tonisiert Qi und Blut – harmonisiert den Mittleren Erwärmer – senkt überschüssiges Yang

Wildreisplätzchen

- **M** 160 g wilder Reis
- **M** 1 Lorbeerblatt
- **W** 400 ml/4 dl Wasser

- **H** Petersilie, fein gehackt
- **F** 1 Prise Rosenpaprikapulver
- **E** 2 Freilandeier
- **M** 1 kleine Frühlingszwiebel, fein gehackt
- **M** 1 Bund Schnittlauch, fein geschnitten
- **W** Kräutermeersalz
- **H** einige Tropfen Zitronensaft
- **F** 1 Prise Rosenpaprikapulver
- **E** Butterschmalz/Bratbutter, zum Braten

Wildreis und Lorbeerblatt im Wasser aufkochen, 15 Minuten auf kleinem Feuer köcheln lassen. Auf der ausgeschalteten Wärmequelle zugedeckt 30 Minuten ausquellen lassen. • Reis und übrige Zutaten mischen. • Den Reis eßlöffelweise in das heiße Butterschmalz geben, etwas flachdrücken. Plätzchen langsam von beiden Seiten braten. • Serviervorschlag: Mit Fenchel und Möhren/Karotten. • Tip: Bei kleinem Hunger die Menge halbieren.

Wirkung: zerstreut innere Kälte – baut Säfte auf – leicht erwärmend

Abbildung

Sprossengemüse mit gebratenem Tofu

- **F** *heiße Pfanne*
- **E** *1 EL Butterschmalz/Bratbutter*
- **E** *150 g Möhren/Karotten, in Streifen (mit dem Sparschäler Streifen abziehen)*
- **M** *Pfeffer aus der Mühle*
- **M** *Muskatnuß*
- **W** *2 EL Sojasauce*
- **W** *ca. 200 ml/2 dl Wasser*
- **H** *400 g gemischte Keimlinge/ Sprossen, z. B. Kichererbsen, Alfalfa und Rettich*
- **H** *1 Sträußchen Petersilie, gehackt*
- **H** *1 EL Hefeflocken*
- **F** *1 Prise Paprikapulver*
- **F** *1 Msp Kurkuma/Gelbwurz*
- **E** *400 g Tofu (Bioladen/Reform- haus), leicht gebraten*
- **E** *1 TL kaltgepreßtes Olivenöl*
- **M** *Pfeffer aus der Mühle*

Das Butterschmalz in der heißen Pfanne erhitzen. Die Möhren darin anschwitzen. Würzen mit Pfeffer, Muskat und Sojasauce. Mit dem Wasser ablöschen. Sprossen und Keimlinge dazugeben. Aufkochen und einige Minuten köcheln lassen. Petersilie, Hefeflocken, Paprika und Kurkuma darunterrühren. • Sprossen- gemüse und gebratenen Tofu mischen. Abschmecken mit Olivenöl und Pfeffer aus der Mühle.

> **Wirkung:** sehr erfrischend – tonisiert Yin – senkt Yang

> **zu meiden:** bei innerer Kälte (Qi-Mangel)

Abbildung

Tofu-Piccata

- **W** *3 EL Sojasauce*
- **H** *einige Tropfen Balsamico-Essig*
- **F** *Rosenpaprikapulver*
- **E** *500 g fester Tofu, in Scheiben*
- **E** *2 Freilandeier, verquirlt*
- **M** *Muskatnuß*
- **M** *Pfeffer aus der Mühle*
- **W** *Kräutermeersalz*
- **W** *2 EL Wasser*
- **H** *1 Msp Hefeflocken*
- **F** *1 Prise Paprikapulver*
- **E** *3 EL Vollkornbrösel/-paniermehl*
- **F** *Paprikapulver*
- **E** *100 g frisch geriebener Käse*
- **E** *Butterschmalz/Bratbutter*

Sojasauce, Essig und Paprika mischen. Die Tofuscheiben darin wen- den, rund 30 Minuten marinieren. • Eier, Muskat, Pfeffer, Salz, Wasser, Hefeflocken und Paprikapulver ver- quirlen. Tofuscheiben in der Eimasse und in den Vollkornbröseln wenden, mit Paprika würzen und zuletzt im geriebenen Käse wenden. • Tofu-Piccata im Butterschmalz lang- sam von beiden Seiten braten. • Mit Salat und Gemüse servieren.

> **Wirkung:** leicht erfrischend – befeuchtet Milz und Magen – tonisiert Qi und Blut

Tofu Stroganoff

- **E** 400 g fester Tofu, gewürfelt
- **M** Pfeffer aus der Mühle
- **W** 3–4 EL Sojasauce
- **H** 1 Sträußchen Petersilie, fein gehackt
- **F** reichlich Paprikapulver

- **F** heiße Pfanne
- **E** 1 EL Butterschmalz/Bratbutter
- **E** 1 Zwiebel, in Scheiben
- **F** marinierter Tofu
- **E** 1 roter Gemüsepaparika/ Peperoni, in Streifen
- **E** 150 g Champignons, geviertelt
- **M** Cayennepfeffer
- **W** 200 ml/2 dl Wasser
- **H** 2 Essiggurken, in Streifen
- **H** 1 Sträußchen Petersilie, fein gehackt
- **F** 100 ml/1 dl Rotwein
- **F** 2 EL Cognac
- **E** 100 g/1 dl Schlagsahne/Rahm
- **E** 1 EL Pfeilwurzelmehl

Den Tofu mit Pfeffer und Sojasauce rund 30 Minuten marinieren. Petersilie und Paprika darüberstreuen. • Butterschmalz in der heißen Pfanne erhitzen. Zwiebelscheiben dazugeben und anschwitzen. Tofu, Gemüsepaprika und Champignons zu den Zwiebeln geben und mit anschwitzen. Mit Cayennepfeffer würzen und mit dem Wasser ablöschen. Aufkochen und auf kleinem Feuer 10 Minuten köcheln lassen. Gurken, Petersilie und Rotwein dazugeben. Aufkochen und einige Minuten köcheln lassen. Abschmek-

ken mit Cognac und verfeinern mit Sahne. Je nach gewünschter Konsistenz die Sauce mit wenig Pfeilwurzelmehl, welches mit wenig Rotwein angerührt wurde, binden. • Serviervorschlag: Mit Dinkelspätzle (Seite 80). • Variante 1: Tofu durch Seitan (E) ersetzen. Da Seitangeschnetzeltes bereits gesalzen ist, entfällt das Marinieren. Begonnen wird im Rezept bei der heißen Pfanne. • Variante 2: Tofu kann auch durch gekochtes Getreide, z. B. Hafer (Seite 106), ersetzt werden. Den Hafer gibt man zusammen mit den Zwiebeln in die heiße Pfanne. • Wichtig: Durch das Dünsten verlieren die Zwiebeln ihre Schärfe und dürfen zum Erd-Element gezählt werden.

Wirkung: erwärmend – baut Säfte auf

Wichtig: Elemente beim Kochvorgang nie mischen. Nach jedem Element mindestens einmal im Kreis, besser aber mehrere Male rühren. 1 bis 2 Minuten warten, dann weiterfahren. Siehe auch Seiten 45 bis 48.

Zucchini-Paprika-Gemüse mit Tomaten

- **F** heiße Pfanne
- **E** 2 EL Olivenöl
- **E** 2 Zucchini, gewürfelt
- **E** 2 Gemüsepaprika/Peperoni, gewürfelt
- **E** 2 EL Kokosflocken
- **M** 1 TL Curry
- **M** 1 Prise Muskatnuß
- **M** 1 Prise Kreuzkümmel
- **M** 1 Msp abgeriebene Schale einer unbehandelten Zitrone
- **W** 200 ml/2 dl Wasser
- **W** Meer- oder Kräutermeersalz
- **H** 4 Tomaten
- **H** Petersilie, fein gehackt

Das Öl in der heißen Pfanne erhitzen. Zucchini und Gemüsepaprika im Öl anschwitzen. Kokosflocken darüberstreuen. Würzen mit Curry, Muskat, Kreuzkümmel und Zitronengelb. Mit dem Wasser ablöschen. Aufkochen und auf kleinem Feuer zugedeckt 10 Minuten köcheln lassen. Salzen. • Tomaten an der Spitze über Kreuz einschneiden. In kochendes Wasser tauchen, bis sich die Haut zu lösen beginnt. Tomaten schälen, Stielansatz entfernen, vierteln. Zum gegarten Gemüse geben. Mit Petersilie abschmecken. Erwärmen. • Gemüse anrichten. • Tip: Mit Reis, Thermogetreide oder Kartoffeln.

Wirkung: erfrischend – baut Säfte auf

Curry-Gemüse-Pfanne mit gebratenem Tofu

- **F** heißer Kochtopf
- **E** 1 EL Olivenöl
- **E** 300 g Möhren/Karotten, gewürfelt
- **E** 1 Brokkoli, in Röschen
- **E** 400 g grüne Bohnen
- **E** 2 EL Cashewnüsse, grob gehackt
- **M** 1 TL milder Curry
- **M** 1 Prise Kreuzkümmel
- **M** Pfeffer aus der Mühle
- **W** 300 ml/3 dl schwache Gemüsebrühe/-bouillon
- **H** ½ Sträußchen Petersilie, gehackt
- **F** 1 Prise Paprikapulver
- **F** heiße Bratpfanne
- **E** 1–2 EL Sesamöl
- **E** 400 g Tofu, gewürfelt
- **M** Pfeffer aus der Mühle
- **W** Sojasauce

Olivenöl im heißen Topf erwärmen. Möhren, Brokkoli, Bohnen und Cashewnüsse dazugeben und anschwitzen. Würzen mit Curry, Kreuzkümmel und Pfeffer. Mit der Gemüsebrühe ablöschen. Das Gemüse auf kleinem Feuer zugedeckt rund 10 Minuten bißfest garen. Mit der Petersilie und der Prise Paprika abschmecken. • Sesamöl in der heißen Bratpfanne erhitzen. Tofuwürfel im Öl anbraten. Mit etwas Pfeffer und Sojasauce würzen. Zusammen mit dem Gemüse servieren.

Wirkung: erwärmend – baut Säfte auf – baut Qi auf – stärkt die Mitte

Tofu-Kokos-Kugeln

- **W** 200 ml/2 dl Wasser
- **W** ½ KL Meersalz
- **H** 150 g feiner Grünkernschrot
- **F** 1 Prise Paprikapulver
- **E** 200 g weicher Tofu
- **E** 1 Freilandei
- **M** 1 Prise Curry
- **M** 1 Prise Ingwerpulver
- **W** Kräutermeersalz
- **H** 1 Sträußchen Petersilie, fein gehackt
- **F** 1 Prise Paprikapulver
- **E** 50 g Kokosflocken
- **E** Butterschmalz/Bratbutter

Wasser und Salz aufkochen. Grünkernschrot dazugeben. Den Schrot auf der ausgeschalteten Wärmequelle zugedeckt 30 Minuten quellen lassen. • Den Tofu mit der Gabel zerdrücken. Mit dem Schrot und dem Ei mischen. Würzen mit Curry, Ingwer und Kräutersalz. Petersilie und Paprika daruntermischen. • Aus der Masse mit leicht gefetteten Händen Kugeln formen und diese in den Kokosflocken drehen. Im heißen Butterschmalz braten. • Serviervorschlag: Mit Gemüse.

Wirkung: neutral – tonisiert Blut und Säfte

Spinat-Kartoffel-Gratin mit Chili

- **F** heiße Pfanne
- **E** 1 EL Olivenöl
- **E** 500 g Blattspinat
- **M** Pfeffer aus der Mühle
- **M** 2 rote Chili/Peperoncini, in Ringen
- **M** 1 durchgepreßte Knoblauchzehe
- **W** Kräutermeersalz
- **H** einige Tropfen Zitronensaft
- **F** 1 TL getrockneter Oregano
- **E** 300 g Kartoffeln in der Schale, gekocht
- **E** 50 g/0,5 dl Schlagsahne/Rahm
- **M** Pfeffer aus der Mühle
- **W** Kräutermeersalz

Olivenöl in der heißen Pfanne erhitzen. Den Spinat dazugeben und kurz anschwitzen. Pfeffer, Chili und durchgepreßten Knoblauch zum Spinat geben und mit anschwitzen. Mit Kräutersalz abschmecken. • Den Spinat in eine Gratinform füllen. Zitronensaft darüberträufeln, Oregano darüberstreuen. • Die Kartoffeln schälen und in dünne Scheiben schneiden, fächerartig auf den Spinat legen. Sahne darübergießen. Mit Pfeffer und Salz würzen. • Gratin im vorgeheizten Ofen bei 160 Grad rund 20 Minuten überbacken.

Wirkung: tonisiert das Blut

Abbildung

Buchweizen-Spaghetti mit Pilzsauce

- **F** 2 l kochendes Wasser
- **E** 350 g Buchweizen- oder Vollkorn-Spaghetti oder andere Bandnudeln
- **M** Pfeffer aus der Mühle
- **W** Meersalz

Sauce

- **F** heiße Pfanne
- **E** 2 EL Olivenöl oder Butterschmalz/Bratbutter
- **E** 400 g Austernseitlinge, in Streifen
- **E** 1 kleine Zwiebel, fein gehackt
- **M** Pfeffer aus der Mühle
- **M** frischer oder getrockneter Majoran
- **M** wenig Chilischote oder Cayennepfeffer
- **W** 300 ml/3 dl Gemüsebrühe/ -bouillon
- **W** Meersalz
- **H** 2 große Tomaten, gewürfelt
- **H** Petersilie, fein gehackt
- **F** 1 Prise Paprikapulver
- **E** 1 TL Olivenöl

- **M** ½ Bund frisches Basilikum, fein geschnitten

Die Spaghetti im Salzwasser al dente kochen. • Für die Sauce das Olivenöl in der heißen Pfanne erhitzen, die Pilze darin scharf anschwitzen. Zwiebeln und Gewürze dazugeben und kurz mit anschwitzen. Mit dem Wasser ablöschen, aufkochen und rund 10 Minuten offen köcheln lassen.

Die Tomaten zu den Pilzen geben, abermals aufkochen. Petersilie dazugeben, abschmecken mit Paprika und Olivenöl. • Spaghetti und Pilzsauce mischen. Basilikum darüberstreuen.

Wirkung: baut Säfte auf – transformiert Feuchtigkeit

Abbildung

Dinkelspätzle

- **H** 250 g Dinkelmehl, sehr fein gemahlen
- **F** 1 Prise Paprikapulver
- **E** 2–3 Freilandeier
- **M** 1 Prise Muskatnuß
- **W** 1 TL Meersalz
- **W** ca. 200 ml/2 dl Wasser
- **H** 1 Msp Hefeflocken

Mehl, Paprika und Eier glattrühren. Muskat und Salz dazugeben. So viel Wasser dazugeben, bis ein geschmeidiger Teig entsteht. Rund 30 Minuten quellen lassen. • Den Teig portionsweise durch das Spätzlesieb ins kochende Salzwasser drücken. Sobald die Spätzle steigen, sind sie eßbereit. • Spätzle in wenig Butter oder Öl leicht braten. • Serviervorschlag: Mit Gemüse.

Wirkung: baut Säfte auf – harmonisiert die Mitte

Ofenkartoffeln mit Bärlauchpesto

- **E** *800 g Kartoffeln in der Schale*
- **E** *Sesamöl*
- **M** *gemahlener Kreuzkümmel*
- **W** *Meersalz oder Kräutermeersalz oder Gomasio (Sesamsalz, erhältlich im Reformhaus/Bioladen)*

Bärlauchpesto

- **E** *200 ml/2 dl kaltgepreßtes Olivenöl extra vergine*
- **E** *2 EL Pinienkerne*
- **M** *200 g junger, kleinblättriger Bärlauch*
- **M** *Pfeffer aus der Mühle*
- **W** *Kräutermeersalz*

Die Kartoffeln gut bürsten und der Länge nach halbieren. Die Schnittfläche mit dem Messer einige Male über Kreuz einschneiden. Blech mit Sesamöl einpinseln. Die Kartoffeln mit der Schnittfläche oben auf das Blech legen. Mit wenig Sesamöl einpinseln. Würzen mit Kreuzkümmel und Salz. Im vorgeheizten Ofen bei 200 Grad 20 bis 25 Minuten backen. • Für den Bärlauchpesto sämtliche Zutaten im Mixer nicht zu fein pürieren. • Serviervorschlag: Mit Salat oder gedünstetem Gemüse, Kräuterquark oder Avocadopesto. Der Pesto kann auch mit Petersilie (H) oder Basilikum (M) zubereitet werden.

Kartoffeln
Wirkung: baut Qi auf – harmonisierend

Bärlauchpesto
Wirkung: stärkt die Mitte

Abbildung

Möhren-Lauch-Eintopf

- **E** *1 EL Butterschmalz/Bratbutter*
- **E** *500 g Möhren/Karotten, gewürfelt*
- **E** *½ TL Zimtpulver*
- **M** *300 g Lauch/Porree, in Scheiben*
- **M** *Ingwerpulver*
- **M** *1 TL getrockneter Majoran*
- **W** *wenig Wasser*
- **H** *½ Sträußchen Petersilie, fein gehackt*
- **F** *einige Rosmarinnadeln, fein gehackt*
- **E** *100 g/1 dl Schlagsahne/Rahm*

Die Möhren im Butterschmalz anschwitzen. Zimt darunterrühren. Lauch dazugeben, mit Ingwer und Majoran würzen. Mit wenig Wasser ablöschen. Aufkochen. Das Gemüse auf kleinem Feuer bißfest garen. Petersilie, Rosmarin und Sahne dazugeben. Nochmals aufkochen. Serviervorschlag: Mit einem Hafergericht (Seite 106) kombinieren.

Wirkung: erwärmend – vertreibt Kälte – stärkt Mittleren Erwärmer

Kartoffelpuffer mit Pfifferlingen

für ca. 12 Puffer

- **E** 750 g Kartoffeln
- **E** 1 Freilandei
- **E** 1 EL Pfeilwurzelmehl
- **M** 1 Prise Majoran
- **M** 1 Prise Muskatnuß
- **M** Pfeffer aus der Mühle
- **W** Kräutermeersalz
- **H** 1 Sträußchen Petersilie, fein gehackt
- **F** 1 Prise Paprikapulver
- **F** heiße Pfanne
- **E** Butterschmalz/Bratbutter

Pfifferlinge

- **F** heiße Pfanne
- **E** 1 EL Butterschmalz/Bratbutter
- **E** 1 kleine Zwiebel, fein gehackt
- **E** 300 g frische Pfifferlinge/ Eierschwämme
- **M** Pfeffer aus der Mühle
- **W** Kräutermeersalz
- **H** 200 g Crème fraîche
- **F** frischer Thymian, fein gehackt

Für die Kartoffelpuffer die Kartoffeln schälen und mit dem Gemüsehobel/ der Röstiraffel raspeln. In einem Küchentuch trocknen. Ei und Pfeilwurzelmehl daruntermischen. Würzen mit Majoran, Muskat, Pfeffer, Kräutersalz, Petersilie und Paprika. • Für jeden Puffer einen gehäuften Eßlöffel Kartoffeln in das heiße Butterschmalz geben, etwas flachdrücken und beidseitig auf mittlerem Feuer langsam goldbraun braten. Auf Küchenpapier abtropfen lassen. • Puffer im vorge-heizten Ofen bei 100 Grad warm stellen. • Pfifferlinge mit einem Küchentuch abreiben. Schnittansatz wegschneiden. Pilze je nach Größe ganz lassen, halbieren, vierteln oder in Scheiben schneiden. • Das Butterschmalz in der heißen Pfanne erhitzen. Zwiebeln und Pilze dazugeben und scharf anschwitzen. Mit Pfeffer und Kräutersalz würzen. Zugedeckt auf kleinem Feuer 5 Minuten dünsten. Crème fraîche und Thymian darunterrühren. Nochmals erhitzen.

> **Kartoffeln**
> **Wirkung:** neutral – leiten Feuchtigkeit aus
>
> **Pilze**
> **Wirkung:** erfrischend – leiten Feuchtigkeit aus

Wichtig: Elemente beim Kochvorgang nie mischen. Nach jedem Element mindestens einmal im Kreis, besser aber mehrere Male rühren. 1 bis 2 Minuten warten, dann weiterfahren. Siehe auch Seiten 45 bis 48.

Hafer-Gemüse-Bratlinge

für ca. 12 Bratlinge

- **F** 2–3 EL kochendes Wasser
- **E** einige Tropfen Sesamöl
- **M** 200 g Lauch/Porree, fein geschnitten
- **M** 100 g feine Haferflocken
- **M** ½ TL Muskatnuß
- **M** ½ TL Majoran
- **W** Kräutermeersalz
- **H** 1 EL Petersilie, fein gehackt
- **H** 1 TL Hefeflocken
- **F** 1 Prise Paprikapulver
- **F** ½ TL getrockneter Oregano
- **E** 2 Freilandeier, verquirlt
- **E** 100 g Möhren/Karotten, fein gerieben
- **E** Sesam- oder Maiskeimöl zum Braten

Sesamöl zum kochenden Wasser geben. Den Lauch dazugeben. Kurz dünsten. Auskühlen lassen. • Die Haferflocken unter den Lauch mischen. Würzen mit Muskat, Majoran, Kräutersalz, Petersilie, Hefeflocken, Paprika und Oregano. Verquirlte Eier und Möhren darunterrühren. Die Masse 20 Minuten quellen lassen. • Aus dem Haferflockenteig mit einem Eßlöffel Klöße abstechen. Im Öl auf kleinem Feuer beidseitig 4 bis 5 Minuten langsam braten. Serviervorschlag: Mit Saisongemüse, Salat und einer Sauce nach Wahl.

> **Wirkung:** erwärmend – baut Qi auf – stärkt die Mitte – tonisiert das Blut

Linsengericht mit Curry

- **F** heißer Kochtopf
- **E** 1 EL Oliven- oder Sesamöl
- **E** 1 große Möhre/Karotte, gewürfelt
- **E** 1 Zwiebel, fein gehackt
- **M** ½ – 1 TL milder Curry
- **M** 1 Msp Ingwerpulver
- **W** 200 g kleine braune Linsen
- **W** 450 ml/4,5 dl Wasser
- **H** etwas Petersilie
- **F** Paprikapulver
- **E** 1 kleine Kartoffel
- **E** 2 EL Rosinen
- **E** 1 TL Kardamom
- **M** Pfeffer aus der Mühle
- **W** Meersalz
- **H** 1 EL Apfelessig
- **H** 1 Sträußchen Petersilie, gehackt
- **F** Kurkuma/Gelbwurz

Linsen über Nacht in kaltem Wasser einlegen. Das Einweichwasser weggießen. • Das Öl in den heißen Topf geben. Möhren und Zwiebeln im Öl anschwitzen. Mit dem Curry und dem Ingwer bestäuben. Linsen dazugeben. Mit dem Wasser ablöschen. 45 Minuten auf kleinem Feuer köcheln lassen. Petersilie und Paprika darunterrühren. Die Kartoffel mit der Bircherreibe dazureiben. Rosinen dazugeben. Aufkochen. Mit Kardamom, Pfeffer, Salz, etwas Essig, Petersilie und Kurkuma abschmecken. • Mit Reis oder Kartoffeln servieren.

> **Wirkung:** erwärmend – tonisiert Qi von Niere und Milz – leitet Feuchtigkeit aus

Pikante Nußkugeln

- **E** 100 g geriebene Nüsse, z. B. Mandeln und Haselnüsse
- **E** 100 g Vollkornbrot, fein zerpflückt
- **E** 50 g frisch geriebener Käse
- **E** 3 EL Olivenöl
- **E** 1 kleine Zwiebel, fein gehackt
- **M** wenig Knoblauch
- **M** Majoran, fein gehackt
- **M** Pfeffer aus der Mühle
- **W** 1 EL Sojasauce
- **W** wenig Kräutermeersalz
- **H** ½ Sträußchen Petersilie, fein gehackt
- **F** 1 Prise Rosenpaprikapulver
- **F** wenig Thymian, fein gehackt
- **E** 1 Freilandei
- **E** Butter oder Maiskeimöl zum Braten

Nüsse, Vollkornbrot und Käse mischen. • Olivenöl erhitzen, Zwiebeln und durchgepreßten Knoblauch darin anschwitzen. Majoran, Pfeffer, Sojasauce, Kräutersalz, Petersilie, Paprika und Thymian daruntermischen. Von der Wärmequelle nehmen. Das Ei darunterarbeiten. • Mit leicht öligen Händen Kugeln formen. • Nußkugeln im Öl oder in der Butter goldgelb braten. • Serviervorschlag: Mit dem Zuckerschoten-Pilz-Eintopf (Seite 110) zusammen mit einer Rosmarin-Rotweinsauce (Seite 118). Die Kugeln passen auch ausgezeichnet zum Lauch-Zucchini-Curry (Seite 90).

Wirkung: erwärmend – nährt Substanz

zu meiden: bei Hitzezuständen

Zarte Zucchinipuffer

- **E** 450 g Zucchini, fein gehobelt
- **E** 2 Freilandeier
- **E** 2 Eigelbe von Freilandeiern
- **E** 6 EL Schlagsahne/Rahm
- **E** 60 g Greyerzer Käse
- **M** Pfeffer aus der Mühle
- **M** 1 Prise Ingwerpulver
- **W** Kräutermeersalz
- **H** 2 EL Petersilie, fein gehackt
- **H** 220 g Dinkelmehl, fein gemahlen
- **H** 8 EL Weißwein
- **F** Paprika
- **F** heiße Pfanne
- **E** Maiskeimöl zum Braten

Alle Zutaten der Reihe nach zu einem Teig rühren. • In der heißen Pfanne das Maiskeimöl erhitzen. Die Zucchinimasse eßlöffelweise ins heiße Öl geben, wenig flachdrücken und beidseitig langsam braten. • Serviervorschlag: Mit Salat und Ofenkartoffeln.

Wirkung: erfrischend – baut Säfte auf – befeuchtet

Abbildung: Hafer-Kokos-Kugeln mit Lauch-Zucchini-Curry (Seite 90)

Kartoffelgratin mit Lauch

- **F** heißer Topf
- **E** 200 g/2 dl Schlagsahne/Rahm
- **E** 800 g Kartoffeln, in Scheiben
- **M** 1 Prise Muskatnuß
- **M** Pfeffer aus der Mühle
- **W** Kräutermeersalz
- **H** einige Tropfen Zitronensaft
- **F** 1 Prise Paprikapulver
- **E** 1 Prise Kümmel
- **M** 200 g Lauch/Porree, fein geschnitten
- **W** ca. 50 ml/0,5 dl Gemüsebrühe/ -bouillon oder Wasser
- **H** 1 Sträußchen Petersilie, fein gehackt
- **F** getrockneter oder frischer Oregano
- **E** 3 EL Sesamschrot oder
- **E** frisch geriebener Käse

Sahne und Kartoffeln in den heißen Topf geben. Mit Muskat, Pfeffer, Kräutersalz, Zitronensaft, Paprika und Kümmel würzen. Auf kleinem Feuer zugedeckt 5 Minuten köcheln lassen. Lauch und Gemüsebrühe oder Wasser dazugeben. Nochmals aufkochen. Petersilie und Oregano darunterrühren. • Den Topfinhalt in eine gebutterte Gratinform füllen. Sesamschrot darüberstreuen. • Kartoffelgratin im vorgeheizten Ofen bei 200 Grad zirka 20 Miunten backen, bis die Kartoffeln gar sind.

Wirkung: leicht befeuchtend – tonisiert den Mittleren Erwärmer

Kartoffel-Kürbis-Püree

- **E** 500 g mehlige Kartoffeln in der Schale
- **E** 1 EL Butterschmalz/Bratbutter oder Maiskeimöl
- **E** 400 g mehliges Kürbisfleisch ohne Schale, z. B. Potimarron, oder Möhren/Karotten
- **M** 1 Prise Muskatnuß
- **M** Pfeffer aus der Mühle
- **W** Meersalz
- **H** ½ Sträußchen Petersilie, fein gehackt
- **F** 1 Prise Rosenpaprikapulver
- **E** 200 g/2 dl Schlagsahne/Rahm

Kartoffeln in der Schale im Dampf garen, schälen und durch die Kartoffelpresse/das Passevite drehen. • Das Kürbisfleisch fein reiben. Im heißen Butterschmalz anschwitzen. Mit Muskat, Pfeffer und Salz würzen. Petersilie und Paprika darunterrühren. Mit der Sahne ablöschen, aufkochen und auf kleinem Feuer so lange köcheln lassen, bis das Kürbisfleisch weich ist. Kartoffelpüree darunterrühren. Erwärmen. • Serviervorschlag: Mit Gemüse oder Fleisch. • Produkteinfo: Ideal für Kinder.

Wirkung: erwärmend – tonisiert das Qi der Mitte – baut Säfte auf – harmonisierend

Abbildung (in Kombination mit gebratenem Lamm und grünen Bohnen)

Hafer-Kokos-Kugeln

- **E** 1 EL Butterschmalz/Bratbutter oder Olivenöl
- **E** 1 kleine Zwiebel, fein gehackt
- **M** 200 g Haferschrot, mittelfein
- **M** 1 Prise Majoran
- **M** 1 Prise Curry
- **M** 1 Prise Muskatnuß
- **W** 400 ml/4 dl Wasser
- **W** Meersalz
- **H** 1 EL Petersilie, fein gehackt
- **F** 1 Msp Kurkuma/Gelbwurz
- **F** 1 Prise Paprikapulver
- **E** 50 g Kokosflocken
- **E** Sesam- oder Maiskeimöl zum Braten

Butterschmalz oder Olivenöl erhitzen und die Zwiebeln darin anschwitzen. Haferschrot, Majoran, Curry und Muskat darunterrühren. Mit dem Wasser ablöschen. Aufkochen und unter zeitweiligem Rühren 5 Minuten köcheln lassen. Salz, Petersilie, Kurkuma und Paprika darunterrühren. Zugedeckt 30 Minuten ausquellen lassen. Kokosflocken daruntermischen.
• Aus der Hafermasse mit leicht öligen Händen kleine Kugeln formen, in den Kokosflocken drehen. Hafer-Kokos-Kugeln im Öl goldgelb braten. Serviervorschlag: Mit Gemüse.

Wirkung: Harmonisiert die Mitte.

Abbildung

Lauch-Zucchini-Curry

- **F** heiße Pfanne
- **E** 2 EL Olivenöl
- **E** 250 g Zucchini, gewürfelt
- **E** 1 Prise Zimtpulver
- **M** 1 Knoblauchzehe
- **M** 250 g Lauch/Porree, in Scheiben
- **M** 1½ TL milder Curry
- **M** 1 Msp abgeriebene Schale einer unbehandelten Zitrone
- **W** wenig Wasser
- **H** 1 EL feingehackte Petersilie
- **H** 1 Tomate, gewürfelt
- **F** Paprikapulver
- **E** Cashewnüsse, leicht geröstet

Das Olivenöl in der heißen Pfanne erwärmen. Zucchini dazugeben und anschwitzen. Zimt darüberstreuen. Durchgepreßten Knoblauch und Lauch dazugeben, Curry und Zitronengelb darunterrühren. Mit dem Wasser ablöschen. Aufkochen und auf kleinem Feuer bißfest garen. Petersilie, Tomaten, Paprika und Cashewnüsse kurz vor dem Servieren darunterrühren.

Wirkung: neutral bis leicht erwärmend – tonisiert Qi

Abbildung

Curry-Risotto mit Rosinen

- **M** 200 g Rundkorn-Naturreis
- **W** 450 ml/4,5 dl Wasser
- **H** wenig Petersilie, fein gehackt
- **F** 1 TL Gelbwurz/Kurkuma
- **F** wenig Thymian
- **F** heißer Kochtopf
- **E** 2 EL Sesamöl
- **E** 1 große Möhre/Karotte, in Streifen (mit dem Kartoffelschäler Streifen abziehen)
- **E** 50 g eingeweichte Rosinen
- **E** 50 g gehackte Haselnüsse
- **M** 1 TL milder Curry
- **M** 1 Lauch/Porree, in feinen Scheiben
- **M** 1 Prise Kreuzkümmel
- **M** wenig Majoran
- **W** Sojasauce
- **W** Meersalz
- **W** wenig Wasser
- **W** gekochter Reis
- **H** Petersilie, fein gehackt

Den Reis zusammen mit dem Wasser aufkochen. Auf kleinem Feuer 15 Minuten köcheln lassen, dann auf der ausgeschalteten Wärmequelle zugedeckt 45 Minuten nachquellen lassen. Petersilie, Gelbwurz und Thymian darunterrühren. • Das Sesamöl in einer separaten Pfanne erhitzen. Die Möhrenstreifen darin anschwitzen. Rosinen, Nüsse, Curry und Lauch dazugeben und unter Rühren anschwitzen. Mit Kreuzkümmel, Majoran, Sojasauce und Meersalz würzen. Mit wenig Wasser ablöschen. Zugedeckt auf kleinem Feuer bißfest garen. • Das Gemüse unter den gekochten Reis rühren. Mit der Petersilie abrunden.

Wirkung: stärkt die Mitte – baut Qi und Säfte auf

Maispizza

- **F** 1 l heißes Wasser
- **E** 200 g Bramata-Mais
- **M** Pfeffer aus der Mühle
- **W** Vollmeersalz
- **H** 2 Tomaten, Stielansatz entfernt, in Scheiben
- **F** Paprikapulver
- **E** 200 g frisch geriebener Greyerzer Käse

Den Mais unter Rühren in das kochende Wasser streuen. Mit Pfeffer und Meersalz würzen. Unter ständigem Rühren aufkochen und auf kleinem Feuer 20 Minuten köcheln lassen. Mais auf der ausgeschalteten Wärmequelle zugedeckt 10 Minuten ausquellen lassen. • Den noch warmen Mais auf den Rücken eines geölten Backblechs streichen. Auskühlen lassen. • Den Mais in Vierecke schneiden und diese in ein geöltes Blech legen. Mit den Tomatenscheiben belegen. Paprika und Käse darüberstreuen. • Maisschnitten im vorgeheizten Ofen bei 200 Grad 10 bis 15 Minuten überbacken. • Serviervorschlag: Mit Blattsalat und Gemüse.

Wirkung: erfrischend – harmonisierend

Auberginen-Roggen-Gratin

Tomatensauce

H *250 g sonnengereifte Tomaten,*
Stielansatz entfernt, in Scheiben

F *½ TL Thymian*

E *wenig Olivenöl*

M *1 Knoblauchzehe*

W *Meersalz*

F *1 Prise Paprikapulver*

E *einige Tropfen kaltgepreßtes*
Olivenöl extra vergine

F *200 g mittelfeiner Roggenschrot*

E *1 EL Butterschmalz/Bratbutter*

E *1 Zwiebel, fein gehackt*

M *1 Prise Pfeffer aus der Mühle*

W *450 ml/4,5 dl Wasser*

W *Meersalz*

H *1 TL Hefeflocken*

F *1 TL Thymian, fein gehackt*

Auberginenscheiben

F *heiße Bratpfanne*

E *Maiskeimöl*

E *2 mittlere Auberginen, in Scheiben*

M *Pfeffer aus der Mühle*

W *Kräutermeersalz*

H *250 ml/2,5 dl Tomatensauce*

F *wenig Paprikapulver*

E *100 g Mozzarella, in dünnen*
Scheiben

Für die Sauce Tomatenscheiben in der heißen Pfanne anschwitzen. Den Thymian und das Olivenöl darunterrühren. Knoblauchzehe dazupressen. Mit Salz würzen. Eventuell mit wenig Wasser verdünnen. Rund 10 Minuten köcheln lassen, dann pürieren. Aschmecken mit dem Paprika und Olivenöl. • Roggenschrot im heißen Kochtopf kurz trocken rösten. Butter, Zwiebeln und Pfeffer dazugeben und unter Rühren kurz anschwitzen. Mit dem Wasser ablöschen. Unter Rühren aufkochen, 10 Minuten auf kleinem Feuer köcheln lassen. Auf der ausgeschalteten Wärmequelle zugedeckt 30 Minuten oder länger ausquellen lassen. Mit dem Salz und den Hefeflocken würzen. Thymian darunterrühren. • In einer heißen Pfanne das Maiskeimöl erwärmen. Auberginenscheiben im Öl beidseitig braten. Auf Küchenpapier abtropfen lassen. • Den Roggenschrot in eine gefettete Gratinform füllen. Tomatensauce darauf verteilen. Mit den gebratenen Auberginenscheiben belegen. Mit Pfeffer und Salz würzen. Mit Paprika würzen und dem Mozzarella belegen. • Gratin im vorgeheizten Ofen bei 200 Grad rund 30 Minuten backen. • Serviervorschlag: Mit einem Saisonsalat servieren.

Wirkung: baut Säfte auf – leitet Hitze aus

Kichererbsenkugeln mit Sesamsauce

W 250 g Kichererbsen

W kaltes Wasser

H 7 EL Dinkelmehl

F 1 TL Rosenpaprikapulver

E 1 Prise Zimtpulver

M 1 Msp abgeriebene Schale einer unbehandelten Zitrone

M 1 TL Kreuzkümmel

M 1 TL Koriander

M 1 Prise Muskatnuß

M 3 Knoblauchzehen, durchgepreßt

W Meersalz

H 1 Msp Hefeflocken

H wenig Dinkelmehl zum Binden

F heiße Bratpfanne/Friteuse

E Maiskeimöl zum Fritieren

Sesamsauce

H Saft von 2 Zitronen

F 1 Prise Paprikapulver

E 100 g Sesammus/Tahin (Reformhaus/Bioladen)

E 100 g Mandelmus (Reformhaus/ Bioladen)

M 2 Knoblauchzehen, durchgepreßt

W Kräutermeersalz

W 100 ml/1 dl kaltes Wasser

H 2 EL Petersilie, fein gehackt

Kichererbsen über Nacht in reichlich kaltem Wasser einlegen. Am nächsten Tag das Wasser abgießen. Kichererbsen durch den Fleischwolf drehen oder in der Moulinette fein pürieren. • Mehl und sämtliche Gewürze zur Kichererbsenmasse geben. Aus der Masse von Hand mit dem Mehl Kugeln von 3 cm Durchmesser formen, gut zusammendrücken. • Die Kichererbsenkugeln im heißen Maiskeimöl fritieren. • Für die Sauce sämtliche Zutaten mischen und im Mixerglas oder mit dem Stabmixer pürieren. • Variante: Die Sesamsauce paßt auch zu Getreidegerichten und Gemüse. • Produktinfo: Sesam ist reich an Calcium.

Kicherbsenkugeln
Wirkung: erwärmend – stärken die Mitte – tonisiert das Qi der Nieren

Sesamsauce
Wirkung: tonisiert das Qi

zu meiden: bei Hitzeproblemen von Leber und Gallenblase

Abbildung

Wichtig: Elemente beim Kochvorgang nie mischen. Nach jedem Element mindestens einmal im Kreis, besser aber mehrere Male rühren. 1 bis 2 Minuten warten, dann weiterfahren. Siehe auch Seiten 45 bis 48.

Lauch-Sprossen-Gemüse mit Curry

- **F** heiße Pfanne
- **E** 1 EL Sesamöl
- **M** 2 Lauch/Porree, in feinen Scheiben
- **M** ½ TL milder Curry
- **W** 1 EL Sojasauce
- **H** 200 g Sprossen von Mungobohnen
- **F** 1 Prise Rosenpaprikapulver
- **F** ½ TL Kurkuma/Gelbwurz
- **E** 1 TL Sonnenblumenkerne
- **M** 1 Prise Muskatnuß
- **W** wenig Wasser
- **H** 1 Sträußchen Petersilie, fein gehackt
- **H** 2 EL Crème fraîche, nach Belieben

Das Öl in der heißen Pfanne erwärmen. Den Lauch dazugeben und kurz anschwitzen. Mit Curry bestäuben. Zuerst die Sojasauce, dann die Sprossen zum Lauch geben und mitanschwitzen. Paprika, Gelbwurz, Sonnenblumenkerne und Muskat darunterrühren. Mit dem Wasser ablöschen. Aufkochen und auf kleinem Feuer bißfest garen. Mit Petersilie und Crème fraîche verfeinern. • Serviervorschlag: Zu Naturreis oder anderem Getreide.

Wirkung: leicht erfrischend bis neutral – löst Stagnationen

Auberginen mit Kartoffel-Curry

- **F** heißer Kochtopf
- **E** 2 EL Sesamöl
- **E** 600 g Auberginen, in Scheiben
- **E** 500 g Kartoffeln, gewürfelt
- **M** 1 Prise Muskatnuß
- **M** reichlich milder Curry
- **M** 1 Prise Kreuzkümmel
- **W** 1 EL Sojasauce
- **W** wenig Wasser
- **W** Meersalz
- **H** 2 EL Petersilie, fein gehackt
- **F** 1 TL Majoran
- **F** ½ TL Thymian, fein gehackt
- **F** 1 TL Gelbwurz/Kurkuma

Das Sesamöl in den heißen Topf geben. Auberginenscheiben darin anschwitzen. Warm stellen. • Die Kartoffeln im gleichen Topf anschwitzen. Mit Muskat, Curry und Kreuzkümmel bestäuben. Mit der Sojasauce und wenig Wasser ablöschen. Auf kleinem Feuer zugedeckt rund 15 Minuten köcheln lassen, bis die Kartoffeln weich sind. • Mit Petersilie, Majoran, Thymian und Gelbwurz abschmekken.

Wirkung: erwärmend – stärkt die Mitte – bei innerer Kälte – bei Qi-Mangel

Abbildung

Kartoffel-Paprika-Gemüse

- **F** *heiße Pfanne*
- **E** *2 EL Olivenöl oder Butterschmalz/Bratbutter*
- **E** *2 verschiedenfarbige Gemüsepaprika/Peperoni, in Streifen*
- **E** *1 kg Kartoffeln, in 1 cm dicken Scheiben*
- **E** *1 Prise Zimtpulver*
- **M** *1 Prise Kardamom*
- **M** *1 Prise Curry*
- **M** *1 Prise Ingwerpulver*
- **W** *300 ml/3 dl Wasser*
- **W** *Kräutermeersalz*
- **H** *Petersilie, fein gehackt*
- **F** *1 Prise Paprikapulver*
- **E** *50 g/0,5 dl Schlagsahne/Rahm*
- **M** *½ Bund Basilikum, fein geschnitten*

Öl oder Butterschmalz in der heißen Pfanne erwärmen. Gemüsepaprikastreifen darin anschwitzen. Kartoffeln dazugeben und mitanschwitzen. Würzen mit Zimt, Kardamom, Curry und Ingwer. Mit dem Wasser ablöschen. Aufkochen und salzen. Auf kleinem Feuer zugedeckt 15 bis 20 Minuten köcheln lassen, bis die Kartoffeln gar sind. Mit Petersilie, Paprika und Sahne verfeinern. Mit dem Basilikum garnieren.

Wirkung: stärkt die Mitte – harmonisierend

Hirsemedaillons

- **E** *100 g Hirseflocken*
- **E** *100 ml/1 dl Vollmilch oder Sojamilch*
- **E** *1 Freilandei*
- **E** *50 g frisch geriebener Käse*
- **E** *1 EL Butterschmalz/Bratbutter*
- **M** *100 g Lauchgrün, sehr fein geschnitten*
- **M** *Muskatnuß*
- **W** *Kräutermeersalz*
- **H** *einige Tropfen Zitronensaft*
- **F** *1 Prise Rosenpaprikapulver*
- **F** *heiße Bratpfanne*
- **E** *Butterschmalz/Bratbutter*

Hirseflocken in der Milch einweichen. Ei und Käse darunterrühren. • Den Lauch im Butterschmalz kurz anschwitzen und auskühlen lassen. • Hirsebrei und Lauch mischen. Mit Muskat, Salz, Zitronensaft und Paprika würzen. Den Teig 30 Minuten ruhen lassen. • Butterschmalz in der heißen Bratpfanne schmelzen. Aus der Hirsemasse kleine Medaillons formen und diese im heißen Butterschmalz beidseitig braten. Serviervorschlag: Mit Spinat servieren. Produktinfo: Karol Kovakovsky vom «Menuetto» in Bern hat dieses feine Rezept kreiert.

Wirkung: erfrischend – tonisiert die Mitte

Abbildung

Grünkernbratlinge mit Champignons

für 12 bis 16 Bratlinge

F *heißer Kochtopf*
E *1 EL Butterschmalz/Bratbutter*
E *½ kleine Zwiebel, fein gehackt*
M *1 TL getrockneter Majoran*
M *1 Prise Muskatnuß*
W *1 Prise Meersalz*
H *200 g feiner Grünkernschrot*
F *1 Prise Rosenpaprikapulver*
E *1 Prise Zimtpulver*
M *Pfeffer aus der Mühle*
W *400 ml/4 dl Wasser*
W *Meersalz*
H *wenig gehackte Petersilie*
F *1 Prise Rosenpaprikapulver*
F *heiße Pfanne*
E *1 TL Butterschmalz/Bratbutter*
E *200 g Champignons, fein gehackt*
E *2 EL Pfeilwurzelmehl*
M *1 Prise Majoran*
W *Kräutermeersalz*
H *1 Sträußchen Petersilie, fein gehackt*
F *1 Prise Paprika*
E *1 Freilandei*
F *heiße Bratpfanne*
E *Sesamöl zum Braten*

Butter im heißen Topf erhitzen. Zwiebeln, Majoran und Muskatnuß dazugeben und anschwitzen. Prise Salz und Grünkernschrot dazugeben. Würzen mit Rosenpaprika, Zimt und Pfeffer. Mit dem Wasser ablösen. Wenig Salz dazugeben. Grünkernschrot unter Rühren 15 Minuten auf kleinem Feuer köcheln lassen. Auf der ausgeschalteten Wärmequelle zugedeckt 30 Minuten ausquellen lassen. Petersilie und Rosenpaprika dazugeben. • Die gehackten Pilze in der heißen Butter anschwitzen. • Pilze und Getreide mischen. Pfeilwurzelmehl, Majoran, wenig Salz, Petersilie und Paprika darunterrühren. Mit dem Ei binden. • Das Öl in der heißen Pfanne erhitzen. Die Getreidemasse eßlöffelweise in die Bratpfanne geben, wenig flachdrücken und Bratlinge ausbacken. • Serviervorschlag: Mit Gemüse und Salat und nach Belieben mit einer Sauce nach Wahl. • Tip: Die Bratlinge schmecken auch kalt hervorragend. • Interessant: Dieses Rezept zeigt eindrücklich, wie man energetisch kocht. Hier wird der Elemente-Zyklus 3mal durchwandert.

> **Wirkung:** leicht erwärmend – tonisiert die Säfte der Leber – hilft, toxische Ablagerungen von Fleisch auszuscheiden

Wichtig: Elemente beim Kochvorgang nie mischen. Nach jedem Element mindestens einmal im Kreis, besser aber mehrere Male rühren. 1 bis 2 Minuten warten, dann weiterfahren. Siehe auch Seiten 45 bis 48.

Kichererbsen-Bohnen-Eintopf

- **W** 150 g Kichererbsen
- **W** 1 l Wasser
- **E** 2 EL Sojaöl oder Butterschmalz/ Bratbutter
- **E** 2 Möhren/Karotten, gewürfelt
- **E** 600 g grüne Bohnen
- **M** wenig durchgepreßter Knoblauch
- **M** 1 Prise Cayennepfeffer
- **M** Muskatnuß
- **M** Kreuzkümmel
- **M** Koriander
- **W** 300 ml/3 dl Wasser
- **W** gekochte Kichererbsen
- **H** 1 EL Petersilie, fein gehackt
- **F** etwas frischer Thymian, fein gehackt
- **E** 2 EL kaltgepreßtes Olivenöl extra vergine
- **M** Pfeffer aus der Mühle
- **W** Vollmeersalz

Die Kichererbsen über Nacht in reichlich kaltem Wasser einlegen. Das Einweichwasser anderntags weggießen. Die Kichererbsen zusammen mit einem Liter Wasser aufkochen, auf kleinem Feuer zugedeckt 20 bis 30 Minuten garen, bis die Erbsen weich sind. • Öl oder Butterschmalz im heißen Topf erwärmen. Möhren und grüne Bohnen darin anschwitzen. Mit Knoblauch, Pfeffer, Muskat, Kreuzkümmel und Koriander würzen. Die gekochten Kichererbsen und 300 ml/3 dl Kochwasser dazugeben. Zugedeckt 15 bis 20 Minuten garen, bis die Bohnen bißfest sind. Mit Petersilie, Thymian, Olivenöl, Pfeffer und Salz abschmecken.

> **Wirkung:** tonisiert das Qi der Milz und Nieren – leicht erwärmend

Überbackene Brüsseler Endivie

- **F** 4–6 Brüsseler Endivien/ weißer Chicorée (zirka 600 g)
- **F** frischer oder getrockneter Thymian
- **E** Butter für die Form
- **M** Pfeffer aus der Mühle
- **M** gemahlener Kreuzkümmel
- **W** Kräutermeersalz
- **H** einige Tropfen Zitronensaft
- **F** Rosenpaprikapulver
- **E** 100 g/1 dl Schlagsahne/Rahm
- **E** 3 EL geriebene Mandeln
- **E** 2 EL Reibkäse, nach Belieben

Brüsseler Endivien längs halbieren, bitteren Strunk keilförmig herausschneiden. Die Endivienhälften mit dem Thymian würzen, im Dampf kurz vorgaren. • Brüsseler Endivien in eine gebutterte Gratinform legen. Mit Pfeffer, Kreuzkümmel, Salz, Zitronensaft und Paprika abschmecken. Sahne darübergießen. Mit den geriebenen Mandeln und dem Käse bestreuen. • Gemüsegratin im vorgeheizten Ofen bei 200 Grad 10 bis 15 Minuten backen.

> **Wirkung:** baut Säfte auf

Brokkolikuchen mit Feta

- **F** wenig heißes Wasser
- **E** 400 g Brokkoli, in Röschen, samt Stiel
- **M** 1 Prise Ingwerpulver
- **M** 1 Prise Muskatnuß
- **M** 1 Prise Kreuzkümmel
- **W** Meersalz
- **F** 1 Prise Paprikapulver
- **E** 250 g Vollkornblätterteig (Reformhau/Bioladen)
- **M** 1 Prise Pfeffer
- **W** 1 Prise Meersalz
- **H** Petersilie, gehackt
- **H** wenig Zitronensaft
- **F** 1 Prise Thymian
- **F** 100 g Feta, gewürfelt

Guß

- **E** 150 g/1,5 dl Schlagsahne/Rahm
- **E** 2 Freilandeier
- **M** Pfeffer aus der Mühle
- **W** Meersalz

Den Brokkoli im Dampf 5 bis 8 Minuten knackig garen. Mit Ingwer, Muskat und Kreuzkümmel würzen, leicht salzen und mit dem Paprika abschmecken. • Den Blätterteig auf die Größe einer runden Kuchenform (24 cm Durchmesser) ausrollen. In die Form legen. Den Brokkoli darauf verteilen. Würzen mit Pfeffer und Salz. Petersilie darüberstreuen. Abrunden mit einigen Tropfen Zitronensaft und dem Thymian. Den Feta auf den Brokkoli verteilen. Den Eierguß darübergießen. • Brokkolikuchen im vorgeheizten Ofen bei 220 Grad rund 25 Minuten backen.

> **Wirkung:** baut Säfte auf – erfrischt die Säfte der Leber

Abbildung

Möhren-Brokkoli-Gemüse mit Oregano

- **F** heiße Pfanne
- **E** 1 EL Butterschmalz/Bratbutter oder Sesamöl
- **E** 250 g Möhren/Karotten, gewürfelt
- **E** 1 Brokkoli oder Romanesco (300 g), in Röschen geteilt
- **M** 1/4 TL Muskatnuß
- **M** 1 Prise Kardamom
- **W** Wasser
- **H** 1 EL Petersilie, fein gehackt
- **F** frischer Oregano, fein gehackt

Butterschmalz in der heißen Pfanne erhitzen. Möhren und Brokkoli hineingeben und anschwitzen. Würzen mit Muskat und Kardamom. Mit wenig Wasser ablöschen, aufkochen und das Gemüse auf kleinem Feuer zugedeckt bißfest garen. Mit Petersilie und Oregano abschmecken.

> **Wirkung:** neutral – baut Säfte auf – leitet Hitze aus

Pilz-Kastanien-Eintopf

- **F** *heißer Kochtopf*
- **E** *1 EL Butterschmalz/Bratbutter*
- **E** *500 g Austernpilze, in Scheiben*
- **E** *400 g Kastanien, geschält und gekocht*
- **M** *1 TL milder Curry*
- **M** *Pfeffer aus der Mühle*
- **M** *1 Prise Muskatnuß*
- **M** *1 Msp abgeriebene Schale einer unbehandelten Zitrone*
- **W** *2 EL Sojasauce*
- **W** *300 ml/3 dl Wasser*
- **W** *Kräutermeersalz, nach Belieben*
- **H** *wenig Weißwein, nach Belieben*
- **H** *2 EL Petersilie, fein gehackt*
- **H** *150 g Crème fraîche, nach Belieben*

Austernpilze in der heißen Butter anschwitzen. Kastanien dazugeben. Mit Curry, Pfeffer, Zitronengelb und Muskat würzen. Mit der Sojasauce und dem Wasser ablöschen. Auf kleinem Feuer zugedeckt 4 bis 6 Minuten köcheln lassen. Mit Kräutersalz, Weißwein und Petersilie abschmecken. Mit Crème fraîche verfeinern. • Serviervorschlag: Mit gekochtem Getreide und Salat servieren.

Wirkung: erfrischend bis neutral – harmonisierend

Grünkernknödel

- **F** *400 ml/4 dl heißes Wasser*
- **E** *200 g feiner Grünkernschrot*
- **E** *1 TL Pfeilwurzelmehl*
- **E** *2 Freilandeier*
- **M** *1 Knoblauchzehe, durchgepreßt*
- **M** *Pfeffer aus der Mühle*
- **W** *Kräutermeersalz*
- **H** *1 Sträußchen Petersilie, fein gehackt*
- **H** *Dinkelmehl, zum Formen*
- **F** *Paprikapulver*
- **W** *1 l kochende Gemüsebrühe/-bouillon*

Grünkernschrot ins kochende Wasser geben. Auf kleinem Feuer unter zeitweiligem Rühren 10 Minuten köcheln lassen. Den Schrot auf der ausgeschalteten Wärmequelle zugedeckt 30 Minuten ausquellen lassen. • Pfeilwurzelmehl, Eier und durchgepreßten Knoblauch unter die Grünkernmasse rühren. Würzen mit Pfeffer, Salz und Petersilie. • Aus der Masse mit mehligen Händen Knödel von zirka 2 cm Durchmesser formen. Wenn die Knödel zuwenig zusammenhalten, etwas Mehl unterkneten. Eventuell einen Probeknödel machen. • Knödel in die kochende Gemüsebrühe geben. Unter dem Siedepunkt (die Brühe darf nicht kochen) 10 Minuten garziehen lassen.

Wirkung: harmonisiert die Mitte – baut Qi auf

Abbildung

Hähnchenstreifen mit Rosenkohl

- **F** heiße Bratpfanne
- **E** 2 EL Butterschmalz/Bratbutter oder Sesamöl
- **E** 1 Zwiebel, fein gehackt
- **M** 1 Prise Kreuzkümmel
- **W** Meersalz
- **H** 400 g Hähnchen-/Geflügelstreifen
- **F** 600 g Rosenkohl
- **F** getrockneter Thymian
- **E** 1 EL Pinienkerne
- **E** 100 g kleine Champignons
- **M** Pfeffer aus der Mühle
- **W** ca. 200 ml/2 dl Wasser
- **W** Meersalz
- **H** ½ Sträußchen Petersilie, fein gehackt

Butter in der heißen Bratpfanne schmelzen. Die Zwiebeln darin anschwitzen. Kreuzkümmel und eine Prise Salz dazugeben. Die Hähnchenstreifen dazugeben und scharf anbraten. Rosenkohl, Thymian, Pinienkerne und Pilze zum Fleisch geben. Abschmecken mit Pfeffer. Mit dem Wasser ablöschen. Wenig salzen. Zugedeckt auf kleinem Feuer köcheln lassen, bis der Rosenkohl bißfest ist. Mit Petersilie bestreuen.

Wirkung: leicht erwärmend – baut Blut auf – harmonisierend

Haferotto

- **F** heißer Topf
- **E** 1 EL Olivenöl
- **E** 1 kleine Zwiebel, fein gehackt
- **M** 200 g Haferkörner
- **M** getrockneter Koriander
- **M** wenig getrockneter Majoran
- **W** 450 ml/4,5 dl Einweichwasser
- **H** 1 Sträußchen Petersilie, gehackt
- **F** 1 Prise Rosenpaprikapulver
- **F** ½ TL Kurkuma/Gelbwurz
- **E** 50–100 g/0,5–1 dl Schlagsahne/Rahm
- **M** Pfeffer aus der Mühle
- **W** Meersalz

Haferkörner über Nacht in kaltem Wasser einlegen. • Die Körner abschütten, dabei das Einweichwasser auffangen. • Die Zwiebeln im Olivenöl anschwitzen, den Hafer dazugeben und mit anschwitzen. Mit Koriander und Majoran würzen, mit dem Einweichwasser ablöschen. Unter Rühren aufkochen und auf kleinstem Feuer 20 Minuten köcheln lassen. Auf der ausgeschalteten Wärmequelle 30 Minuten ausquellen lassen. • Petersilie unter den Hafer rühren. Mit Paprika, Kurkuma und Sahne verfeinern. Aufkochen. Mit Pfeffer und Salz abschmecken. • Serviervorschlag: Mit Gemüse servieren.

Wirkung: erwärmemd – baut Qi auf – stärkt die Mitte – regt Leber, Herz und Nieren an

Abbildung

Lachsfilets auf Brokkoli-Kürbis-Gemüse

- **F** *heiße Pfanne*
- **E** *2 EL Butterschmalz/Bratbutter*
- **E** *600 g Kürbis ohne Schale, am besten Muscade de Provence, gewürfelt*
- **E** *400 g Brokkoli, in Röschen*
- **M** *Pfeffer aus der Mühle*
- **M** *1 Prise Ingwerpulver*
- **M** *1 Prise Kardamom*
- **M** *frisches Basilikum, fein geschnitten*
- **M** *frischer Majoran, fein geschnitten*
- **M** *Muskatnuß*
- **W** *wenig Wasser*
- **W** *Vollmeersalz*
- **H** *½ Sträußchen Petersilie, fein gehackt*
- **H** *3 EL Crème fraîche, nach Belieben*

- **W** *4 Lachsfilettranchen, je 150 g*
- **W** *Kräutermeersalz*
- **H** *Zitronensaft*
- **F** *1 Prise Paprikapulver*
- **F** *heiße Bratpfanne*
- **E** *Butterschmalz/Bratbutter*
- **M** *1 Prise Pfeffer aus der Mühle*

Für das Gemüse Butterschmalz in der heißen Pfanne erwärmen. Kürbis und Brokkoli dazugeben und anschwitzen. Mit Pfeffer, Ingwer, Kardamom, Basilikum, Majoran und Muskat würzen. Mit dem Wasser ablöschen. Aufkochen. Das Gemüse auf kleinem Feuer bißfest garen. Abschmecken mit Salz, Petersilie und Crème fraîche. • Lachsfilets mit Salz, Zitronensaft und Paprika würzen. 15 Minuten marinieren. Die Filets trocken tupfen. Das Butterschmalz in der heißen Bratpfanne erhitzen. Die Fischtranchen in der heißen Butter von beiden Seiten kurz braten. Leicht pfeffern. • Auf dem Gemüse anrichten.

> **Brokkoli-Kürbis-Gemüse**
> **Wirkung:** leicht erfrischend
>
> **Lachs**
> **Wirkung:** leicht erwärmend – tonisiert Nieren-Yang – tonisiert Milz und Nieren

Wichtig: Elemente beim Kochvorgang nie mischen. Nach jedem Element mindestens einmal im Kreis, besser aber mehrere Male rühren. 1 bis 2 Minuten warten, dann weiterfahren. Siehe auch Seiten 45 bis 48.

Risotto mit Meeresfrüchten

- **F** *heiße Pfanne*
- **E** *1 EL Butterschmalz/Bratbutter*
- **M** *Pfeffer aus der Mühle*
- **W** *400 g Garnelen/Krabben*
- **W** *Kräutermeersalz*
- **W** *wenig Wasser*
- **H** *1 Sträußchen Petersilie, fein gehackt*
- **H** *Saft von 1/2 Zitrone*
- **H** *150 g Crème fraîche nach Belieben*
- **F** *Rosenpaprikapulver*
- **E** *1 TL kaltgepreßtes Olivenöl extra vergine*
- **M** *1/2 Bund frisches Basilikum, in feinen Streifen*
- **M** *200 g Langkorn-Naturreis*

Den Reis gemäß Grundrezept «Curry-Risotto mit Rosinen» (Seite 92) kochen. • Das Butterschmalz in der heißen Pfanne erwärmen. Eine Umdrehung Pfeffer dazugeben. Die Garnelen darin anbraten. Mit Kräutersalz würzen und wenig Wasser ablöschen. Aufkochen. Petersilie und Zitronensaft dazugeben. Crème fraîche darunterrühren. Erhitzen. Abschmecken mit Paprika, Olivenöl und Basilikum. • Garnelen mit dem Reis mischen.

Wirkung: erwärmend – tonisiert das Nieren-Yang

zu meiden: bei rotem Hautausschlag

Puffer aus Keimlingen

für 10 bis 12 Puffer

- **H** *300 g Mungobohnen- oder Sojabohnenkeimlinge*
- **F** *1 Msp Rosmarinnadeln, fein gehackt*
- **F** *wenig frischer Thymian, fein gehackt*
- **E** *2 Freilandeier*
- **E** *50 g/0,5 dl Sahne/Rahm*
- **M** *Muskatnuß*
- **M** *1/2 TL milder Curry*
- **W** *1 TL Sojasauce*
- **W** *Kräutermeersalz*
- **H** *wenig Petersilie, fein gehackt*
- **F** *1/2 TL Rosenpaprikapulver*
- **F** *heiße Pfanne*
- **E** *Butterschmalz/Bratbutter oder Maiskeimöl, zum Braten*

Keimlinge, Rosmarin, Thymian, Eier und Sahne mischen. Würzen mit Muskat, Curry, Sojasauce, Kräutersalz, Petersilie und Rosenpaprika. • Butterschmalz in der heißen Pfanne erhitzen. Für jeden Puffer einen gehäuften Eßlöffel Keimlinge in die heiße Butter geben. Auf mittlerem Feuer beidseitig langsam braten. • Serviervorschlag: Mit Gemüse oder Salat.

Wirkung: kühlt – baut Yin auf

zu meiden bei: innerer Feuchtigkeit innerer Kälte – Qi-Mangel

Zuckerschoten-Pilz-Eintopf

- **F** heiße Bratpfanne oder Wok
- **E** 2 EL Butterschmalz/Bratbutter oder Sesamöl
- **E** 300 g Champignons
- **E** 400 g Zuckerschoten/Kefen
- **M** Pfeffer aus der Mühle
- **M** Muskatnuß
- **M** 1 TL getrockneter Majoran
- **M** 1 Msp abgeriebene Schale einer unbehandelten Zitrone
- **W** wenig Gemüsebrühe/-bouillon oder Wasser
- **W** Meersalz
- **H** wenig Weißwein
- **F** Rosenpaprikapulver
- **F** einige frische Rosmarinnadeln, fein gehackt
- **E** einige Pinienkerne, geröstet

Pilze mit einem trockenen Tuch abreiben, in Scheiben schneiden. Das Butterschmalz in der heißen Pfanne erhitzen. Die Pilze darin kurz scharf anschwitzen. Die Zuckerschoten dazugeben und mit anschwitzen. Würzen mit Pfeffer, Muskat und Zitronengelb. Mit wenig Gemüsebrühe ablöschen. Das Gemüse rund 5 Minuten bißfest garen. Abschmecken mit Salz, Weißwein, Paprika und Rosmarin. Mit den Pinienkernen bestreuen. • Serviervorschlag: Mit Naturreis oder Vollkornnudeln.

Wirkung: erfrischend – tonisiert Qi

Sellerie im Kokosmantel

- **E** 500 g Knollensellerie, in Scheiben
- **E** 1–2 Freilandeier
- **E** 80 g Kokosraspeln
- **M** Pfeffer aus der Mühle
- **M** 1 Msp Muskatnuß
- **M** 1 Prise Kreuzkümmel
- **M** abgeriebene Schale einer unbehandelten Zitrone
- **W** 1 Msp Kräutermeersalz
- **F** 1 Prise Paprikapulver
- **H** einige Tropfen Zitronensaft
- **F** heiße Bratpfanne
- **E** Butterschmalz/Bratbutter, zum Braten

Die Selleriescheiben im Dampf bißfest garen. Auskühlen lassen. • Die Kokosraspeln mit Pfeffer, Muskat, Kreuzkümmel, Zitronengelb, Kräutersalz, Paprika und Zitronensaft mischen. • Die Selleriescheiben zuerst im Ei, dann in den Kokosraspeln wenden. Im Butterschmalz von beiden Seiten goldgelb braten. • Serviervorschlag: Mit Gemüsecurry servieren (Bild) oder mit Sesam-Ofenkartoffeln und einer Quarksauce.

Wirkung: tonisiert das Blut – stärkt die Mitte

Abbildung

Buntes Fischragout alla Toscana

- **F** *heißer Kochtopf*
- **E** *2 EL Olivenöl*
- **E** *400 g Zucchini, klein gewürfelt*
- **E** *2 gelbe Gemüsepaprika/Peperoni, klein gewürfelt*
- **E** *1 kleine Zwiebel, fein gehackt*
- **M** *1 Knoblauchzehe*
- **M** *Muskatnuß*
- **M** *frischer Majoran*
- **M** *1 Lorbeerblatt*
- **M** *einige Korianderkörner*
- **W** *600 g gemischter, festkochender Fisch (Schellfisch, Meerteufel, Steinbutt, Heilbutt), in Würfeln*
- **W** *400 ml/4 dl Wasser*
- **W** *Meersalz*
- **H** *100 ml/1 dl Weißwein, nach Belieben*
- **H** *4 Tomaten, geschält, Stielansatz entfernt, geviertelt*
- **H** *1 Sträußchen Petersilie, fein gehackt*
- **H** *einige Tropfen Zitronensaft*
- **F** *1 Prise Paprikapulver*
- **E** *2 TL kaltgepreßtes Olivenöl extra vergine*

Das Olivenöl in den heißen Topf geben. Zucchini und Gemüsepaprika darin anschwitzen. Gehackte Zwiebeln, durchgepreßten Knoblauch sowie Gewürze in den Topf geben. Die Fischwürfel dazugeben. Unter Rühren kurz anbraten. Mit dem Wasser ablöschen. Leicht salzen. Den Weißwein dazugeben. Das Fischragout zugedeckt auf kleinem Feuer 8 bis 10 Minuten köcheln lassen. Tomaten-viertel und Petersilie dazugeben. Mit Zitronensaft, Paprikapulver und Olivenöl abschmecken.

Wirkung: baut Yin der Niere auf – leicht erwärmend

Abbildung

Lamm-Kürbis-Curry

- **F** *heißer Brattopf*
- **E** *2 EL Butterschmalz/Bratbutter*
- **F** *800 g Lammfleisch von der Keule/vom Schlegel, in Würfeln*
- **E** *2 Zimtstangen*
- **E** *2 Zwiebeln, fein gehackt*
- **M** *1 Knoblauchzehe, durchgepreßt*
- **M** *1 Msp frisch geriebener Ingwer*
- **M** *1 Prise Kardamom*
- **M** *1 Prise Chili*
- **M** *Curry nach Belieben*
- **M** *Kräutermeersalz*
- **W** *300–400 ml/3–4 dl Wasser*
- **H** *200 ml/2 dl trockener Weißwein*
- **F** *1 Prise Paprikapulver*
- **E** *1 kg Kürbis ohne Schale, z. B. Potimarron oder Muscade de Provence, gewürfelt*
- **E** *20 g Mandeln*
- **E** *20 g Pistazien*
- **E** *20 g Rosinen*
- **M** *Curry nach Belieben*
- **W** *Vollmeersalz*
- **H** *Petersilie*

Das Butterschmalz im heißen Brattopf erhitzen. Das Fleisch dazugeben

und scharf anbraten. Zimtstangen und Zwiebeln dazugeben und kurz anschwitzen. Knoblauch, Ingwer, Kardamom, Chili, Curry und Salz zum Fleisch geben. Mit dem Wasser ablöschen. Aufkochen. Weißwein dazugeben, abermals aufkochen und zugedeckt auf kleinem Feuer rund 30 Minuten schmoren. Mit einer Prise Paprika würzen. • Kürbiswürfel, Mandeln, Pistazien und Rosinen zum Fleisch geben. Mit Curry und Salz abschmecken. Weitere 10 bis 15 Minuten schmoren lassen, bis der Kürbis weich ist. Petersilie darüberstreuen. • Serviervorschlag: Mit Kartoffeln oder Hirse. • Variante: Kürbis durch Möhren/Karotten ersetzen.

Wirkung: erwärmend – tonisiert Nieren- und Milz-Yang – tonisiert Blut und Qi

zu meiden: bei innerer Hitze

Wichtig: Elemente beim Kochvorgang nie mischen. Nach jedem Element mindestens einmal im Kreis, besser aber mehrere Male rühren. 1 bis 2 Minuten warten, dann weiterfahren. Siehe auch Seiten 45 bis 48.

Seeteufel auf toskanische Art

- **W** *600 g Seeteufel, in Scheiben*
- **H** *Saft einer Zitrone*
- **F** *1 Prise Rosenpaprikapulver*

- **F** *heiße Pfanne*
- **F** *10 frische Salbeiblätter, in feinen Streifen*
- **E** *2 EL Butter*
- **M** *Pfeffer aus der Mühle*
- **W** *Meersalz*
- **F** *marinierte Fischscheiben*

Sauce

- **E** *4 EL kaltgepreßtes Olivenöl*
- **M** *½ durchgepreßte Knoblauchzehe*
- **M** *Pfeffer aus der Mühle*
- **M** *½ Bund frisches Basilikum, fein geschnitten*
- **W** *wenig Kräutermeersalz*
- **H** *1 EL Petersilie, fein gehackt*

Die Fischscheiben mit Zitronensaft und Paprika würzen. 15 Minuten marinieren. Fischscheiben mit Küchenpapier trockentupfen. • Die Salbeiblätter in der heißen Pfanne erwärmen. Die Butter dazugeben. Den Salbei kurz anbraten. Mit je 1 Prise Pfeffer und Salz würzen. Die Fischscheiben dazugeben, beidseitig einige Minuten braten. • Für die Sauce sämtliche Zutaten mischen. • Fischscheiben mit der Kräutersauce überziehen. • Serviervorschlag: Mit Gemüse.

Wirkung: leicht erwärmend – tonisiert Nieren, Qi und Yang

Kürbisgratin

- **F** heißer Kochtopf
- **E** 2 EL Butterschmalz/Bratbutter
- **E** 800 g Kürbis ohne Schale,
  am besten Muscade de Provence,
  mit dem Gemüsehobel gehobelt
- **E** 200 g/2 dl Schlagsahne/Rahm
- **M** Pfeffer aus der Mühle
- **M** Muskatnuß
- **M** 1 Prise Majoran
- **W** Meeersalz
- **H** wenig Petersilie, fein gehackt
- **F** 1 Prise Rosenpaprikapulver
- **E** 2 Freilandeier
- **E** 2 EL frisch geriebener Käse
- **E** Butter für die Form

Butterschmalz im heißen Topf erhitzen. Gehobelten Kürbis dazugeben und kurz anschwitzen. Mit der Sahne ablöschen. Aufkochen. Würzen mit Pfeffer, Muskat, Majoran, Meersalz, Petersilie und Paprika. • Eier und Käse unter die leicht ausgekühlte Masse rühren. In die gebutterte Gratinform füllen. • Kürbisgratin im vorgeheizten Ofen bei 180 Grad rund 25 Minuten backen. • Serviervorschlag: Mit Blattsalat und Ofenkartoffeln. • Variante: Kürbis durch Zucchini ersetzen.

Wirkung: neutral – baut Säfte auf – harmonisierend – baut Qi auf – tonisiert das Blut

Möhrenflan

für 12 Portionenförmchen

- **E** 500 g Möhren/Karotten oder
  Schwarzwurzeln, gewürfelt
- **E** 200 g/2 dl Schlagsahne/Rahm
- **E** 4 Freilandeier, verquirlt
- **M** 1 Prise Koriander
- **M** 1 Prise Muskatnuß
- **M** Pfeffer aus der Mühle
- **W** Kräutermeersalz
- **H** 1/2 TL Hefeflocken
- **F** Rosenpaprikapulver
- **E** Butter für die Förmchen

Die Möhren im Dampf weich garen. Im Mixerglas pürieren. Etwas auskühlen lassen. • Sahne und Eier unter das Möhrenpüree rühren. Mit Koriander, Muskat, Pfeffer, Kräutersalz, Hefeflocken und Paprika würzen. Möhrenmasse in die gebutterten Förmchen füllen. • Möhrenflan im Wasserbad im vorgeheizten Ofen bei 180 Grad auf mittlerem Einschub rund 40 Minuten pochieren. • Serviervorschlag: Mit gekochtem Getreide und gedünstetem Gemüse. Produkteinfo: Ein Lieblingsgericht der Kinder.

Möhren/Karotten
Wirkung: leicht erwärmend – harmonisiert die Mitte – tonisiert Qi

Auberginen-Tomaten-Gemüse

- **F** *heißer Kochtopf*
- **E** *1 EL Sesam- oder Olivenöl*
- **E** *2 mittlere Auberginen, klein gewürfelt*
- **M** *Pfeffer aus der Mühle*
- **M** *wenig durchgepreßter Knoblauch*
- **W** *300 ml/3 dl Wasser*
- **W** *Kräutermeersalz*
- **H** *5 sonnengereifte Tomaten, geschält, Stielansatz entfernt, gewürfelt*
- **H** *1 EL Petersilie, fein gehackt*
- **F** *wenig Thymian, fein gehackt*
- **E** *1 EL kaltgepreßtes Olivenöl extra vergine*
- **M** *½ Bund Basilikum, fein geschnitten*

Das Sesamöl in den heißen Kochtopf geben. Die Auberginenwürfel darin anschwitzen. Pfeffer und durchgepreßten Knoblauch dazugeben und mit anschwitzen. Mit dem Wasser ablöschen. Abschmecken mit Kräutersalz. 5 bis 8 Minuten köcheln lassen. Gewürfelte Tomaten, Petersilie und Thymian dazugeben. Aufkochen. Mit dem Olivenöl und dem frischen Basilikum abschmecken. • Serviervorschlag: Mit Fisch oder Getreide.

Wirkung: erfrischend

Erbsensoufflé

- **E** *300 g frische grüne Erbsen oder Maiskörner*
- **E** *120 ml/1,2 dl Sojamilch oder Vollmilch*
- **E** *1 kleine Zwiebel, fein gehackt*
- **M** *Pfeffer aus der Mühle*
- **M** *Muskatnuß*
- **M** *1 Msp getrockneter Majoran*
- **W** *Meersalz*
- **H** *½ Sträußchen Petersilie, fein gehackt*
- **H** *2 EL Dinkelmehl*
- **F** *1 Prise Paprikapulver*
- **E** *2 Freilandeier*
- **E** *2 EL frisch geriebener Greyerzer Käse*

Erbsen, Milch und Zwiebeln aufkochen. Mit Pfeffer, Muskat, Majoran und Salz würzen. Erbsen weich kochen, dann zusammen mit der Flüssigkeit im Mixerglas oder mit dem Stabmixer pürieren. Auskühlen lassen. • Restliche Zutaten unter das Erbsenpüree rühren. In gebutterte ofenfeste Portionenförmchen füllen. • Erbsensoufflé im vorgeheizten Ofen bei 200 Grad auf mittlerem Einschub rund 20 Minuten backen. • Serviervorschlag: Mit einer Pilzsauce.

Wirkung: leitet Hitze aus – erfrischend

Abbildung

Rosmarin-Rotweinsauce

- E 1 EL Butterschmalz/Bratbutter
- E ½ Zwiebel, fein gehackt
- M 1 Prise Pfeffer aus der Mühle
- W 2 EL Sojasauce
- W 300 ml/3 dl leichte Gemüse-
  brühe/-bouillon oder Wasser
- H ½ TL Tomatenkonzentrat
- F 20 Rosmarinnadeln
- F 100 ml/1 dl fruchtiger Rotwein
- E 1 EL Pfeilwurzelmehl

Butterschmalz erhitzen. Die Zwiebeln darin anschwitzen. Die Prise Pfeffer dazugeben. Mit der Sojasauce und der Gemüsebrühe oder dem Wasser ablöschen. Tomatenkonzentrat, Rosmarinnadeln und Rotwein dazugeben. 30 Minuten auf kleinem Feuer köcheln lassen. Durch ein Sieb abseihen. • Pfeilwurzelmehl mit wenig Sauce glattrühren. Angerührtes Mehl und Sauce in die Pfanne zurückgeben, aufkochen und so lange köcheln lassen, bis die Sauce bindet. • Serviervorschlag: Zu Getreidebratlingen. • Variante: Rosmarin durch Thymian ersetzen.

Wirkung: yangisierend – vertreibt Kälte

Pfeffersauce

- E 1 EL Butterschmalz/Bratbutter
- E ½ Zwiebel, fein gehackt
- M 1 TL Senf
- M 1–2 EL eingelegte grüne oder/und
  rosa Pfefferkörner
- W 200 ml/2 dl Gemüsebrühe/
  -bouillon oder Wasser
- W Meersalz
- H 50 ml/0,5 dl trockener Weißwein
- F 1 Prise Paprikapulver
- F 1 EL Cognac
- E 200 g/2 dl Schlagsahne/Rahm
- E ½ EL Pfeilwurzelmehl

Butterschmalz erhitzen, die Zwiebeln darin anschwitzen. Senf und Pfefferkörner darunterrühren. Mit der Gemüsebrühe oder dem Wasser ablöschen und mit Salz abschmecken. Weißwein, Paprika und Cognac darunterrühren. Rund 10 Minuten auf kleinem Feuer köcheln lassen. Pfeilwurzelmehl mit der Sahne glattrühren. Zur Sauce geben, aufkochen und köcheln lassen, bis die Sauce sämig ist. • Serviervorschlag: Zu Fleisch oder Getreidebratlingen.

Wirkung: sehr erwärmend

nicht geeignet: bei innerer Hitze

Kräuterquark mit Basilikum

- **H** *500 g Vollmilchquark*
- **F** *½ TL Rosenpaprikapulver*
- **F** *½ TL Gelbwurz/Kurkuma*
- **E** *2–3 EL Schlagsahne/Rahm, je nach Konsistenz des Quarks*
- **M** *½ Zwiebel, fein gehackt*
- **M** *1 Bund Schnittlauch, fein geschnitten*
- **M** *½ Bund Basilikum, fein geschnitten*
- **W** *Kräutermeersalz*
- **H** *½ Sträußchen Petersilie, fein gehackt*

Den Quark mit dem Rosenpaprika würzen. Gelbwurz, Sahne, Zwiebeln, und Schnittlauch darunterrühren. Abschmecken mit dem Kräutersalz. Die Petersilie dazugeben. • Serviervorschlag: Paßt zu Ofenkartoffeln und zu Getreidebratlingen.

Wirkung: erfrischend – befeuchtend

nicht zu empfehlen bei: innerer Kälte – innerer Feuchtigkeit

Wichtig: Elemente beim Kochvorgang nie mischen. Nach jedem Element mindestens einmal im Kreis, besser aber mehrere Male rühren. 1 bis 2 Minuten warten, dann weiterfahren. Siehe auch Seiten 45 bis 48.

Warme Knoblauchsauce

- **E** *½ EL Butterschmalz/Bratbutter*
- **M** *4 Knoblauchzehen*
- **M** *1 EL sehr feines Naturreismehl*
- **W** *200 ml/2 dl Gemüsebrühe/ -bouillon*
- **W** *Vollmeersalz*
- **H** *1 EL Weißwein*
- **F** *1 Prise Paprikapulver*
- **E** *200 g/2 dl Schlagsahne/Rahm*

Butterschmalz erhitzen, den Knoblauch dazupressen und kurz anschwitzen. Das Reismehl darunterrühren. Mit der Gemüsebrühe ablöschen, unter Rühren aufkochen und bei starkem Feuer auf die Hälfte einreduzieren. Mit Meersalz, Weißwein und Paprika abschmecken. Die Sahne dazugeben, aufkochen und auf kleinem Feuer einige Minuten köcheln lassen. • Serviervorschlag: Zu Getreidegerichten. • Variante: Der Knoblauch kann durch Schnittlauch (M) oder andere Kräuter, z. B. Petersilie (H), ersetzt werden. Wichtig: Die Kräuter sind entsprechend dem Element der Sauce beizufügen.

Wirkung: sehr wärmend

zu meiden bei: innerer Hitze – Verspannungen im Nacken

Avocado-Pesto

- **H** *Saft einer halben Zitrone*
- **F** *1 Prise Paprikapulver*
- **E** *2 reife Avocados*
- **M** *Pfeffer aus der Mühle*
- **W** *wenig Kräutermeersalz*
- **H** *1 Sträußchen Petersilie, fein gehackt*
- **F** *1 Prise Gelbwurz/Kurkuma*
- **E** *100 g/1 dl geschlagene Sahne/Rahm*
- **E** *50 g gehackte Pinienkerne*
- **M** *1 durchgepreßte Knoblauchzehe*
- **M** *1 Bund Basilikum, fein geschnitten*
- **W** *1 Prise Meersalz*
- **H** *Petersilie*

Die Avocados halbieren und entsteinen. Das Fleisch mit einem Löffel aus der Schale kratzen und mit einer Gabel oder dem Stabmixer glattrühren. Sämtliche Zutaten der Reihe nach darunterrühren. • Serviervorschlag: Zu Nudeln/Teigwaren, Kartoffeln oder gebratenem Sellerie.

zu meiden: bei Gallenblasen-Hitze

Kapernsauce

- **E** *1 EL Butterschmalz/Bratbutter*
- **E** *½ Zwiebel, fein gehackt*
- **M** *Pfeffer aus der Mühle*
- **W** *200 ml/2 dl Wasser*
- **W** *Vollmeersalz*
- **H** *50 ml/0,5 dl trockener Weißwein*
- **H** *2 EL Kapern*
- **H** *1 EL Petersilie, fein gehackt*
- **F** *1 Prise Paprikapulver*
- **E** *200 g/2 dl Schlagsahne/Rahm*
- **E** *½ EL Pfeilwurzelmehl*

Butterschmalz erhitzen. Die gehackten Zwiebeln darin anschwitzen. Mit dem Pfeffer würzen und dem Wasser ablöschen. Mit Salz abschmecken. Kapern, Weißwein und Petersilie dazugeben. Aufkochen und auf kleinem Feuer 10 Minuten köcheln lassen. Das Pfeilwurzelmehl mit der Sahne anrühren. Zur Sauce geben. Aufkochen und so lange köcheln lassen, bis die Sauce bindet. • Serviervorschlag: Zu Getreidebratlingen.

Wirkung: leicht erwärmend

NACHSPEISEN

木 火 土 金 水

Saftiger Apfelkuchen

für ein großes rechteckiges Blech

Teig

- **H** 250 g Dinkelmehl, fein gemahlen
- **F** 1 Prise Kakaopulver
- **E** 2 Freilandeier
- **E** 125 g weiche Butter
- **E** 1 Prise Vanillepulver
- **M** ½ TL frisch geriebener Ingwer oder 1 Msp Ingwerpulver
- **W** 2 EL Wasser
- **H** 1 EL Vollmilchquark

Belag

- **F** 1 Prise Kakaopulver
- **E** 100 g Honig-Marzipan
- **M** wenig frisch geriebener Ingwer oder Ingwerpulver
- **W** 1 Prise Meersalz
- **H** 1 kg säuerliche Äpfel, geviertelt, entkernt, in Spalten
- **F** 1 Prise Kakaopulver
- **E** 50 g Rosinen
- **E** 1 Prise Zimt
- **M** 1 Prise Kardamom
- **W** einige Tropfen kaltes Wasser
- **H** Saft von ½ Zitrone

Für den Teig Dinkelmehl und Kakaopulver mischen. • Die Butter schaumig rühren. Eier, Vanille und Ingwer unter die Butter rühren. Mehl dazukneten und etwas Wasser und Quark beifügen. Zu einem geschmeidigen Teig kneten. • Teig auf dem gebutterten Blech ausrollen, einen kleinen Rand hochziehen. • Kakaopulver auf den Teigboden streuen.

Honigmarzipan in kleinen Stücken darauf verteilen. Die weiteren Zutaten der Reihe nach darauf verteilen. Ganz am Schluß das Wasser und den Zitronensaft darüberträufeln. • Apfelkuchen im vorgeheizten Ofen bei 180 Grad 45 bis 50 Minuten backen.

Wirkung: leicht erfrischend – baut Säfte auf

Abbildung

Brombeerkaltschale

- **H** 200 g Crème fraîche
- **F** 1 Prise Kakaopulver
- **E** 1 EL Akazienhonig
- **M** 2 EL Bittermandellikör
- **M** 1 Prise Nelkenpulver
- **W** 1 Prise Meersalz
- **H** 400 g Brombeeren
- **F** 1 Prise Kakaopulver
- **E** 2 EL Pinienkerne, trocken geröstet
- **M** Pfefferminzblättchen, als Garnitur

Crème fraîche, Kakaopulver, Akazienhonig, Likör, Nelkenpulver sowie Salz cremig rühren. • Die Brombeeren in Gläser füllen und mit der Creme überziehen. Wenig Kakaopulver darüberstäuben. Mit den Pinienkernen und den Pfefferminzblättchen garnieren.

Wirkung: erfrischend – befeuchtend

zu meiden bei: innerer Feuchtigkeit – innerer Kälte – Qi-Mangel

Erdbeercreme

- **E** 400 ml/4 dl Apfelsaft
- **E** 1 Msp Vanillepulver
- **M** 30 g sehr feines Naturreismehl
- **W** 1 Prise Meersalz
- **H** 125 g Erdbeeren, geviertelt
- **F** 1 Prise Kakaopulver
- **E** 1 EL Akazienhonig
- **E** 150 g/1,5 dl Schlagsahne/Rahm

Apfelsaft, Vanillepulver und Reismehl im Kochtopf glattrühren. Salz dazugeben. Unter ständigem Rühren aufkochen und so lange köcheln lassen, bis die Masse eingedickt ist. Reiscreme zugedeckt auskühlen lassen. Ab und zu rühren, damit sich keine Haut bildet. • Reiscreme mit dem Schneebesen luftig aufschlagen. Erdbeeren daruntermischen. Aromatisieren mit Kakaopulver und abrunden mit Akazienhonig. Geschlagene Sahne darunterziehen. • Erdbeercreme in Glasschalen oder Gläser füllen. Bis zum Servieren kühl stellen.

Wirkung: erfrischend – baut Säfte auf – leitet Hitze aus

nicht zu empfehlen bei: innerer Feuchtigkeit

Apfel-Quark-Auflauf

- **E** 3 Eigelb von Freilandeiern
- **E** 100 g Honig
- **E** 60 g weiche Butter
- **M** 1 Prise frisch geriebener Ingwer oder Ingwerpulver
- **M** abgeriebene Schale einer Zitrone
- **W** 1 Prise Meersalz
- **H** 60 g Weizen- oder Dinkel-Vollkorngrieß
- **H** Saft einer unbehandelten Zitrone
- **H** 500 g Vollmilchquark
- **F** wenig Rotwein
- **E** 80 g Rosinen
- **M** 3 Eiweiß
- **W** 1 Prise Meersalz
- **H** 4 säuerliche Äpfel
- **H** 4 EL Preiselbeermarmelade/ -konfitüre mit Honig gesüßt

Eigelb, Honig und Butter cremig aufschlagen. Ingwer, Zitronengelb, Meersalz, Grieß, Zitronensaft, Quark, Rotwein und Rosinen darunterrühren. • Eiweiß zusammen mit der Prise Salz zu Schnee schlagen, unter die Eigelbmasse ziehen. In eine gebutterte Gratinform füllen. • Bei den Äpfeln das Kerngehäuse ausstechen und die Äpfel mit Preiselbeerkonfitüre füllen. • Gefüllte Äpfel auf den Teig setzen. Auflauf im vorgeheizten Ofen bei 180 Grad rund 30 Minuten backen.

Wirkung: erfrischend – befeuchtend – senkt Leberhitze – baut Säfte auf

zu meiden: bei innerer Feuchtigkeit

Früchtegratin mit Streusel

- H 300 g säuerliche Äpfel
- F 200 g Quitten
- E 1 Birne
- E 1 Msp Vanillepulver
- E 1 Prise Zimtpulver

Streusel

- E 60 g geriebene Mandeln
- M 1 Prise Nelkenpulver
- M 1 Msp abgeriebene Schale einer unbehandelten Orange
- W 1 Prise Meersalz
- H 80 g feiner Dinkelschrot
- F 1 Prise Kakaopulver
- E 80 g flüssige Butter
- E 1 EL Birnendicksaft

Früchte vierteln, entkernen und in Spalten schneiden. In eine gebutterte Gratinform schichten. Vanille- und Zimtpulver darüberstreuen. • Für den Streusel Mandeln, Nelkenpulver, Salz, Orangenschalen, Dinkelschrot und Kakaopulver mischen. Die flüssige Butter und den Birnendicksaft darunterrühren. Streusel auf die Früchte verteilen. • Früchtegratin im vorgeheizten Ofen bei 180 Grad auf mittlerem Einschub rund 25 Minuten backen. • Variante: Die Birnen können durch Kürbis ersetzt werden.

Wirkung: erfrischend – baut Säfte auf

Nußparfait

- E 2 Eigelb von Freilandeiern
- E 2 EL Akazienhonig
- E 1 Prise Zimtpulver
- E 1 Prise Vanillepulver
- E 250 g/2,5 dl Schlagsahne/Rahm
- M 1 Prise Kardamom
- M 1 Msp abgeriebene Schale einer unbehandelten Zitrone oder einige Tropfen ätherische Zitronenessenz
- W 1 Prise Meersalz
- F 1 Prise Kakaopulver
- E 2 EL geriebene Walnuß-/Baum- nußkerne

Eigelb, Akazienhonig, Zimt- und Vanillepulver cremig aufschlagen. Die geschlagene Sahne und die restlichen Zutaten darunterziehen. • Die Masse in Portionsförmchen füllen und rund 2 Stunden tiefkühlen. • Tip: Für heiße Sommertage.

Wirkung: erfrischend – befeuchtend – kühlt ab

zu meiden bei: innerer Kälte – innerer Feuchtigkeit – Qi-Mangel

Wichtig: Elemente beim Kochvorgang nie mischen. Nach jedem Element mindestens einmal im Kreis, besser aber mehrere Male rühren. 1 bis 2 Minuten warten, dann weiterfahren. Siehe auch Seiten 45 bis 48.

Möhrenkuchen/Rüeblikuchen

für eine Form von 26 cm Durchmesser

- E *200 g Akazienhonig*
- E *3 Eigelb von Freilandeiern*
- E *1 Prise Zimtpulver*
- M *1 Prise Nelkenpulver*
- W *1 Prise Meersalz*
- W *2 EL warmes Wasser*
- W *1 TL Weinsteinbackpulver*
- H *100 g Dinkelmehl, sehr fein gemahlen*
- H *½ unbehandelte Zitrone, Saft*
- F *1 Prise Kakaopulver*
- E *250 g Möhren/Karotten, fein gerieben (Bircher-Reibe)*
- E *250 g geriebene Mandeln*
- M *3 Eiweiß*

Akazienhonig, Eigelb, Zimt, Nelkenpulver, Salz und warmes Wasser luftig-cremig aufschlagen. Backpulver, Mehl und Zitronensaft darunterrühren. Kakao, Möhren und Mandeln daruntermischen. Ganz am Schluß das zu Eischnee geschlagene Eiweiß vorsichtig darunterziehen. Die Teigmasse in eine gefettete Form füllen. • Möhrenkuchen im vorgeheizten Ofen bei 180 Grad auf unterem Einschub rund 50 Minuten backen. • Variante: Anstelle der Möhren können Kürbis der Sorte Potimarron oder rote Beten/Randen verwendet werden. Rote Beten/Randen zusammen mit dem Kakao zum Teig geben.

Wirkung: baut Qi auf

Dattelcreme

- E *½ l Sojamilch nature*
- E *50 g feines Hirsemehl (Reformhaus/Bioladen)*
- E *½ TL Vanillepulver*
- M *1 Prise Kardamom*
- M *1 Prise abgeriebene Schale einer unbehandelten Orange*
- W *1 Prise Meersalz*
- H *einige Tropfen Orangensaft*
- F *1 Prise Kakaopulver*
- E *100 g Datteln, entsteint und fein gehackt*
- E *200 g/2 dl Schlagsahne/Rahm*
- E *1–2 EL Akazienhonig, nach Belieben*

Sojamilch und Hirsemehl glattrühren. Vanillepulver, Kardamom, abgeriebene Orangenschale und Salz dazugeben. Unter ständigem Rühren aufkochen und so lange köcheln lassen, bis die Creme bindet. In einer Schüssel zugedeckt auskühlen lassen. • Salz, Orangensaft und Kakaopulver zur Creme geben. Mit dem Stabmixer oder dem Schneebesen locker aufschlagen. Datteln und geschlagene Sahne darunterziehen. Mit dem Akazienhonig abschmecken. • Anmerkung: Für dieses Rezept braucht es den geschmacksneutralen Akazienhonig.

Wirkung: baut Qi auf – harmonisierend – tonisiert die Säfte des Herzens

Abbildung

Gewürzplätzchen

- E 150 g weiche Butter
- E 200 g Vollrohrzucker
- E 2 Freilandeier, verquirlt
- E 1 TL Zimtpulver
- M 1 TL Muskatnuß
- M ¼ TL Nelkenpulver
- W 1 Prise Meersalz
- H einige Tropfen Zitronensaft
- H 200 g Dinkelmehl
- H 200 g Dinkelruchmehl (Type 1050) oder Dinkelmehl, Kleie ausgesiebt
- H 100 g feiner Dinkelschrot
- H 1 TL Weinsteinbackpulver (Reformhaus/Bioladen)

Butter und Vollrohrzucker cremig rühren. Die verquirlten Eier nach und nach dazugeben. Die restlichen Zutaten der Reihe nach beifügen und zu einem Teig kneten. Über Nacht kühl stellen. • Den Teig 5 mm dick ausrollen. Beliebige Formen schneiden oder ausstechen. Auf ein mit Backpapier belegtes Blech legen. • Gewürzplätzchen im vorgeheizten Ofen bei 190 Grad auf mittlerem Einschub rund 12 Minuten backen.

Wirkung: erwärmend – baut Qi auf – baut Yang auf – stärkt die Mitte

Orangen an Rotweinsauce

- H 6 Orangen
- F 200 ml/2 dl fruchtiger Rotwein
- E 1 Zimtstange
- E 50 g Vollrohrzucker
- M 5 ganze Nelken
- M 1 Msp abgeriebene Schale einer unbehandelten Orange
- W 2 EL kaltes Wasser
- H einige Tropfen Orangen- oder Zitronensaft
- F 1 Prise Kakaopulver
- E 1 Prise Vollrohrzucker
- M 2 EL Orangenlikör/Grand Marnier

Die Orangen großzügig schälen, auch die weißen Häutchen entfernen. Die Früchte in Scheiben schneiden, Kerne entfernen. Orangenscheiben in eine Glasschüssel legen. • Rotwein, Zimtstange, Zucker, Nelken, abgeriebene Orangenschale und Wasser aufkochen. Über die Orangenscheiben gießen. Mit einigen Tropfen Orangensaft beträufeln. Kakao und Zucker darüberstreuen. Grand Marnier darüberträufeln. Über Nacht zugedeckt marinieren.

Wirkung: neutral – baut Säfte auf

Wichtig: Elemente beim Kochvorgang nie mischen. Nach jedem Element mindestens einmal im Kreis, besser aber mehrere Male rühren. 1 bis 2 Minuten warten, dann weiterfahren. Siehe auch Seiten 45 bis 48.

Kürbis-Muffins

für ca. 12 Muffins

*ca. 36 Papierbackförmchen
(3 Förmchen pro Muffin)
oder 12 Portionsförmchen*

- **E** *400 g Kürbis, z. B. Muscade de Provence oder Potimarron, geschält und gewürfelt*
- **E** *150 g weiche Butter*
- **E** *150 g Vollrohrzucker*
- **E** *2 Freilandeier*
- **E** *1 TL Vanillepulver*
- **E** *1 TL Zimtpulver*
- **M** *1/2 TL Muskatnuß*
- **M** *1/4 TL Nelkenpulver*
- **M** *1/4 TL Ingwerpulver*
- **W** *1 Prise Meersalz*
- **H** *2 TL Weinsteinbackpulver (Reformhaus/Bioladen)*
- **H** *300 g Dinkelmehl, sehr fein gemahlen*
- **F** *1 Prise Kakaopulver*
- **E** *100 g Rosinen*

Kürbis im Dampf garen, bis er weich ist. Pürieren und in einem Spitzsieb abtropfen lassen. • Butter und Zucker schaumig rühren, die Eier dazugeben. Vanille, Zimt, Muskat, Nelken- und Ingwerpulver unter die cremige Masse rühren. Das mit dem Backpulver gemischte Mehl dazugeben. Kakaopulver, Rosinen und gut abgetropftes Kürbispüree (ca. 300 g) unter den Teig rühren. • Teig in die gebutterten Portionsförmchen oder in die Papierförmchen füllen (3 Förmchen pro Muffin nehmen; sie bekom-men so eine schönere Form). Muffins im vorgeheizten Ofen bei 190 Grad 20 bis 25 Minuten backen. • Tip: Ein beliebtes Mitbringsel und eine Bereicherung für jeden Sonntagsbrunch.

Wirkung: baut Qi auf

Bananen im Kokosmantel

- **E** *50 g Kokosraspeln*
- **M** *1 Prise Ingwerpulver*
- **W** *1 Prise Meersalz*
- **H** *einige Tropfen Zitronensaft einer unbehandelten Zitrone*
- **F** *1 Prise Kakaopulver*
- **E** *1 Prise Zimtpulver*
- **E** *4 Bananen*
- **E** *Butter für die Form*
- **E** *20 g Butterflocken*

Kokosraspeln mit Ingwer, Salz, Zitronengelb, Kakaopulver und Zimtpulver mischen. • Die Bananen zuerst quer, dann längs halbieren, in den Kokosraspeln wenden. Bananenviertel nebeneinander in eine gebutterte Gratinform legen. Mit den Butterflocken belegen. • Bananen im vorgeheizten Ofen bei 200 Grad rund 10 Minuten backen. • Tip: Mit geschlagener Sahne, aromatisiert mit wenig Vanillemark (E) und Ahornsirup (E), servieren.

Wirkung: baut Qi auf – nährt – befeuchtend

Haselnußcreme

- **E** 450 ml/4,5 dl Vollmilch oder Sojamilch
- **E** 1 Prise Vanillepulver
- **E** ¼ TL Zimtpulver
- **M** 50 g feinstes Naturreismehl, frisch gemahlen (Reformhaus/Bioladen)
- **W** 1 Prise Meersalz
- **H** einige Tropfen Zitronensaft
- **F** 1 Prise Kakaopulver
- **E** 1½ EL Akazien- oder Lindenblütenhonig
- **E** 30 g geriebene Haselnüsse
- **E** 200 g/2 dl Schlagsahne/Rahm
- **E** einige ganze Haselnüsse

Vanille- und Zimtpulver unter die Milch rühren. Das Reismehl dazugeben und unter ständigem Rühren aufkochen und so lange auf kleinem Feuer köcheln lassen, bis die Masse bindet. Die Creme in einer Schüssel unter zeitweiligem Rühren auskühlen lassen. • Salz, Zitronensaft, Kakao, Honig und Nüsse darunterrühren. Die geschlagene Sahne darunterziehen. • Haselnußcreme in Gläser füllen. Mit einem Klecks Sahne und einer Haselnuß garnieren.

Wirkung: erfrischend – befeuchtend

zu meiden: bei innerer Feuchtigkeit

Nußecken

Teig

- **H** 250 g Dinkel- oder Weizenvollkornmehl, fein gemahlen
- **F** 1 Prise Kakaopulver
- **E** 1 Freilandei
- **E** 100 g Akazienhonig
- **E** 100 g zimmerwarme Butter

Belag

- **E** 200 g Blütenhonig, am besten Akazienhonig
- **E** 100 g Butter
- **E** 400 g grob gehackte Cashewnüsse

Kakaopulver unter das Mehl mischen. Ei, Akazienhonig und Butter darunterrühren. Zu einem Teig rühren. • Teig in ein gebuttertes Blech füllen. • Für den Belag Honig und Butter erhitzen, 3 bis 4 Minuten köcheln lassen, dann die gehackten Nüsse daruntermischen. Kurz auskühlen lassen. • Nußmasse auf dem Teig verteilen. • Im vorgeheizten Ofen bei 180 Grad auf mittlerem Einschub rund 20 Minuten backen. Im heißem Zustand in Rhomben schneiden. Auskühlen lassen. • Tip: Wer möchte, kann das Nußgebäck noch in wenig flüssige Schokolade (F/E) tauchen.

Wirkung: tonisiert Qi und das Blut – baut Substanz auf

Abbildung

Orangensalat mit Datteln

- **H** 3–4 Orangen
- **F** 1 EL Rotwein oder
- **F** 1 Prise Kakaopulver
- **E** 1 Msp Zimtpulver
- **E** 1 EL Ahornsirup
- **E** 6 Datteln, entsteint und geviertelt
- **E** 1 EL grobe Kokosraspeln oder Kokosflocken
- **E** 1–2 EL Grand Marnier/Orangenlikör (bei Kindern weglassen)
- **M** 1 Msp frisch geriebener Ingwer oder Ingwerpulver
- **M** 1 Prise Kardamom
- **M** 1 Msp abgeriebene Schale einer unbehandelten Orange
- **W** 1 Prise Meersalz

Orangen großzügig schälen, auch die weißen Häutchen entfernen. Die Früchte in Scheiben schneiden und auf einer Platte anrichten. Die übrigen Zutaten über die Orangen streuen oder träufeln. 30 Minuten marinieren.

Wirkung: erfrischend – baut Blut und Säfte auf

Apfel-Zimt-Joghurt

- **H** 500 g Vollmilch-Joghurt nature
- **F** 1 Prise Kakaopulver
- **E** 1 EL Akazienhonig
- **E** 1 süßer Apfel, klein gewürfelt
- **E** ½ TL Zimtpulver
- **M** 1 Prise frisch geriebener Ingwer oder Ingwerpulver
- **M** 1 Msp abgeriebene Schale einer unbehandelten Orange
- **W** 1 Prise Meersalz
- **H** 4 Orangen- oder Kiwischeiben

Joghurt, Kakaopulver und Akazienhonig verrühren. Apfelwürfelchen daruntermischen. Mit Zimt, Ingwer, Orangenschale und Salz abschmecken. • Den Joghurt in 4 hübsche Stielgläser füllen und mit einer Orangen- oder Kiwischeibe garnieren. • Tip: Besonders geeignet im Sommer als erfrischendes Dessert.

Wirkung: erfrischend – befeuchtend

zu meiden bei: innerer Kälte – Feuchtigkeit – Qi-Mangel

Wichtig: Elemente beim Kochvorgang nie mischen. Nach jedem Element mindestens einmal im Kreis, besser aber mehrere Male rühren. 1 bis 2 Minuten warten, dann weiterfahren. Siehe auch Seiten 45 bis 48.

FRÜHSTÜCK
GETRÄNKE

木 火 土 金 水

Haferflockenmüsli mit Datteln

für 1 Person

- **F** *50 ml/0,5 dl heißes Wasser*
- **E** *2 Datteln, ensteint und fein geschnitten*
- **M** *25 g Haferflocken*
- **W** *einige Tropfen kaltes Wasser*
- **H** *1 Apfel*
- **H** *wenig Zitronensaft*
- **F** *1 Prise Kakaopulver*
- **E** *1 TL Honig nach Belieben*
- **E** *1 EL Sahne/Rahm*
- **E** *1 EL geriebene Mandeln*

Datteln und Haferflocken mit dem Wasser übergießen. 10 Minuten quellen lassen. Einige Tropfen kaltes Wasser darunterrühren. Den Apfel samt Schale zu den Haferflocken reiben. Zitronensaft, Kakao, Honig, Sahne und Mandeln darunterrühren.

Wirkung: erwärmend – baut Qi auf – stärkt die Mitte – tonisiert das Blut

Wichtig: Elemente beim Kochvorgang nie mischen. Nach jedem Element mindestens einmal im Kreis, besser aber mehrere Male rühren. 1 bis 2 Minuten warten, dann weiterfahren. Siehe auch Seiten 45 bis 48.

Grießbrei mit Zimt

- **H** *180 g Dinkel- oder Weizen-Vollkorngrieß*
- **F** *1 Prise Kakaopulver*
- **E** *1 l Sojamilch oder Vollmilch*
- **E** *2 Msp Zimtpulver*
- **E** *80 g Rosinen, eingeweicht*
- **E** *2 EL Vollrohrzucker oder Akazienhonig, nach Belieben*
- **M** *1 Prise Kardamom*
- **W** *1 Prise Meersalz*
- **H** *400 g Apfelkompott oder frische Beeren der Saison*

Grieß in einem trockenen Kochtopf erwärmen und unter Rühren rösten. Kakaopulver dazugeben. Mit der Milch ablöschen. Zimtpulver, Rosinen, Süßstoff, Kardamom und Salz beifügen und unter Rühren aufkochen. Zu einem Brei einköcheln lassen. • Mit Apfelkompott oder anderen Früchten des Holzelements servieren.

Wirkung: baut Säfte auf – stärkt die Mitte – befeuchtend – erfrischend

Abbildung

Hirse-Birnen-Brei

- **F** *400 ml/4 dl kochendes Wasser*
- **E** *150 g Hirse*
- **E** *2 große Birnen, geviertelt und entkernt*
- **E** *50 g Walnuß-/Baumnußkerne, grob gehackt*
- **E** *wenig Akazienhonig, nach Belieben*

Die Hirse mit heißem Wasser überbrausen (nimmt ihr die Bitterstoffe) und direkt ins kochende Wasser geben. Unter Rühren aufkochen und auf kleinem Feuer 20 Minuten köcheln lassen. Die Birnen auf die Hirse legen. Auf der ausgeschalteten Wärmequelle zugedeckt 15 Minuten nachquellen lassen. • Gehackte Nüsse und Akazienhonig unter die Hirse rühren. Zusammen mit den Birnen anrichten.

Wirkung: erfrischend – baut Qi auf – senkt Hitze ab

Polenta mit Kompott

- **F** *1 l heißes Wasser*
- **E** *150 g feiner Maisgrieß*
- **M** *1 Prise Ingwerpulver*
- **W** *1 Prise Meersalz*
- **H** *einige Tropfen Zitronensaft*

Kompott

- **F** *wenig heißes Wasser*
- **E** *600 g Pfirsiche oder Birnen, in Schnitzen*
- **E** *wenig Blütenhonig zum Süßen, nach Belieben*

Maisgrieß ins heiße Wasser streuen, mit Ingwer und Meersalz würzen. Unter Rühren aufkochen und 10 Minuten auf kleinem Feuer köcheln lassen. Mit dem Zitronensaft abschmecken. Maisbrei auf der ausgeschalteten Wärmequelle zugedeckt 30 Minuten ausquellen lassen. • Pfirsiche oder Birnen in wenig heißem Wasser weich kochen. Mit Honig abschmecken. Zur Polenta servieren. • Tip: Ein ideales Frühstück!

Wirkung: leicht erwärmend – stärkt den Mittleren Erwärmer – tonisiert das Blut – harmonisierend

Wichtig: Elemente beim Kochvorgang nie mischen. Nach jedem Element mindestens einmal im Kreis, besser aber mehrere Male rühren. 1 bis 2 Minuten warten, dann weiterfahren. Siehe auch Seiten 45 bis 48.

Wasser, kalte Getränke

W *Kaltes Wasser/Mineralwasser*

Kaltes Wasser sollte nur in geringen Mengen getrunken werden.

Wirkung: kalt – senkt Yang –
wirkt auf Nieren-Yin

Zu meiden bei: Qi-Mangel –
Yang-Mangel

F *Heißes Leitungswasser*

Warmes oder heißes Leitungswasser sind optimale Getränke für Kinder und Erwachsene. Je nach Qualität muß das Wasser filtriert werden.

Wirkung: leicht erfrischend – tonisiert das Yang der Nieren

H *Apfelsaft*

Kann mit warmem oder kaltem Wasser gemischt oder unverdünnt getrunken werden.

Wirkung: erfrischend – baut Säfte auf

H *Roter Traubensaft*

Kann mit warmem oder kaltem Wasser gemischt oder unverdünnt getrunken werden.

Wirkung: baut Blut und Säfte auf – entspannt – harmonisiert

Maishaartee, Variante 1

F *1 l kochendes Wasser*
E *1–2 EL Maishaartee*

Tee mit dem kochenden Wasser übergießen. 10 Minuten ziehen lassen. Abseihen.

Wirkung: erfrischend – leitet Hitze aus – entspannend – harmonisierend

zu meiden bei: Kältezuständen – für Kinder ungeeignet

Maishaartee, Variante 2

F *1 l Wasser*
E *1–2 EL Maishaartee*

Maishaartee zusammen mit dem Wasser aufkochen. 20 bis 30 Minuten auf kleinem Feuer köcheln lassen. Abseihen.

Wirkung: neutral – leitet Hitze der Gallenblase aus – entspannend – harmonisierend

Grüner Tee

Sorten
Oolong, halbfermentiert (China)
Sencha (Japan)
Bancha Zweigtee (Japan)
Gunpowder Tea Temple of Heaven
(Japan)
Göttertee De Ichi – Japanischer
Grüntee (Allos)
Darjeeling Samabeong Green Tea
Autumn (Faire-Trade-Tee mit Bio-
Knospe aus Indien)

F *1 l abgekochtes Wasser*
F *2 TL grüner Tee (Reformhaus)*

Das abgekochte Wasser auf 80
Grad erwärmen und über den grünen
Tee gießen. Nur kurz ziehen lassen.
Abseihen. Bei geistiger Anstrengung
maximal 2 bis 3 Tassen täglich.

Wirkung: kalt – senkt Nieren-Yang –
leitet Hitze aus – regt geistig an –
trocknet das Yin aus – senkt
Cholesterinspiegel

Zu meiden bei: Qi-Mangel –
Yang-Mangel

Schwarztee

F *1 l kochendes Wasser*
F *2 TL Schwarztee*

Tee mit kochendem Wasser übergießen und kurz ziehen lassen. Abseihen.

Wirkung: kalt – trocknet die Säfte aus
– senkt das Yang – regt geistig an –
leitet nach unten – verdauungsfördernd

Zu meiden bei: Qi-Mangel –
Yin-Mangel – Unruhe – Schlafstörungen – Blutmangel

Ingwer-Tee

für Therapiezwecke, kurzfristig verwenden

M *1 EL geschälte, geriebene oder in*
Scheiben geschnittene frische
Ingwerwurzel
W *½ l Wasser*

Ingwer und Wasser aufkochen, auf
kleinem Feuer 20 Minuten köcheln lassen. Tee abseihen und trinken.

Zu empfehlen bei: beginnender
Erkältung mit Schüttelfrost – nach
Kälteeinwirkung – nach verdorbenem
Essen – bei Übelkeit

Wirkung: heiß – antitoxisch nach
Konsum von verdorbenen Speisen –
schweißtreibend – vertreibt eingedrungene bioklimatische Kälte

Weizentee

F 1 l kaltes Wasser
E 4 EL grober Weizenschrot oder
ganze Körner

Wasser und Schrot oder ganze Körner aufkochen. Auf kleinem Feuer 30 Minuten köcheln lassen. Abseihen.

Wirkung: erfrischt – baut Säfte von Leber und Herz auf – beruhigt das Yang – entspannt und harmonisiert

sehr gut bei: Schlafstörungen – Leberhitze – Anspannung – Unruhe

Fencheltee

F heißes Wasser
E zerstoßene Fenchelsamen

Zerstoßene Fenchelsamen ins kochende Wasser geben. Auf kleinem Feuer 5 Minuten köcheln lassen. 15 Minuten ziehen lassen. Abseihen

Wirkung: warm – wärmt Milz und Magen – verdauungsfördernd

hilft bei: Blähungen und bei Kälte-Durchfall

Bohnenkaffee, gekocht

F 1 l heißes Wasser
F 2 EL gemahlener Kaffee
E 1 Msp Honig oder wenig Milch
M 1 Msp gemahlener Kardamom

Kaffeepulver, Honig oder Milch und Kardamom ins heiße Wasser geben. Aufkochen und abseihen. Produkteinfo: Kaffee sollte nie im Filter zubereitet werden. Besser ist die Variante, wie wir sie aus dem Orient kennen.

Wirkung: trocknet aus – erwärmt – leitet Energie nach unten – fördert die Verdauung

nicht zu empfehlen bei: Blutmangel – Yin-Mangel – Yang-Fülle

Getreidekaffee

Getreidekaffee hat im Gegensatz zu Bohnenkaffee keine toxischen Eigenschaften.

Wirkung: trocknet aus – erfrischt – leitet Energie nach unten – fördert die Verdauung

nicht zu empfehlen bei: Chi-Mangel – Blutmangel – Yin-Mangel – Yang-Fülle

LITERATUR ZUM THEMA

Chang, Stephan: Das Tao der Ernährung.
Ariston

Connelly, Dianne M.: Das Gesetz der Fünf
Elemente. Heidelberg, Verlag Anna Christa
Endrich

Da Silva, Kim: Richtig essen zur richtigen
Zeit. Ernährung und Kinesiologie.
Knaur Verlag

Flaws, Bob; Wolfe, H. Lee: Das Yin und
Yang in der Ernährung. Bern/
München/Wien: O.W. Barth Verlag, 1992

Frank, Kai-Uwe: Altchinesische Heilungs-
wege. Wiesbaden: Jopp Verlag, 1992.

Friebel-Röhring, G.: Essen Sie gern
Tapetenkleister. Hebel-Verlag

Heinen, Martha P.: Kochen und leben mit
den Fünf Elementen. Windpferd Verlag

Öko-Test: Ratgeber Ernährung.
rororo-Verlag

Pitchford, Paul: Healing with whole food.
North Atlanic Books

Pollmer, Udo: Prost Mahlzeit.
Kiepenheuer & Witsch

Possin: Vom richtigen Essen. Irisiana Verlag

Reid, Daniel P.: Chinesische Heilkunde.
Trias Verlag

Temelie, Barbara: Ernährung nach den Fünf
Elementen. Sulzberg: Joy Verlag, 1993

Temelie, Barbara; Trebuth, Beatrice:
Die Fünf-Elemente-Ernährung für Mutter
und Kind. Sulzberg: Joy Verlag

Werner, Benno: Energie und Ernährung im
Rhythmus der Jahreszeiten. Knaur Verlag

ERNÄHRUNGSBERATUNG NACH DEN FÜNF ELEMENTEN

Deutschland

Barbara Temelie/Eva-Maria Bös
(Seminare/Ausbildung)
München, Tel. 089/820 55 35

Karola Schneider
(Heilpraktikerin)
Allgäu, Tel. 08366/98685

Beatrice Trebuth
(Heilpraktikerin)
Marktoberdorf, Tel. 08342/42162

Gabriele Klinger
(Heilpraktikerin)
Frankfurt am Main, Tel. 069/752899

Sabine Baun
(Heilpraktikerin)
Stuttgart, Tel. 0711/537166

Christiane Seifert
(Heilpraktikerin)
Mainz, Tel. 06138/7798

Schweiz

Christina Suter
Lauerz, Tel. 041/810 14 35

Cornelia Zündel
Egg, Tel. 01/984 28 18

Regula Engetschwiler
(Information über TCM und
Ernährungsberatung, Seminare usw.)
Aarau, Tel. 062/822 81 78

Gisela Baule
Zollikerberg, Tel. 01/392 20 52

STICHWORTVERZEICHNIS

Wichtig: Mit diesem Stichwortverzeichnis und dem Saisonkalender (Seite 50) können Gerichte mit Frischprodukten der jeweiligen Saison zugeordnet werden.